百年瓷魂醴陵窑

张道新 ◎ 编著

图书在版编目（CIP）数据

百年瓷魂醴陵窑／张道新编著．－－北京：华夏出版社有限公司，2022.1
ISBN 978－7－5222－0207－5

Ⅰ.①百… Ⅱ.①张… Ⅲ.①民窑－瓷窑遗址－介绍－醴陵 Ⅳ.①K878.5

中国版本图书馆CIP数据核字（2021）第230455号

百年瓷魂醴陵窑

编　　著　张道新
选题支持　宋体金
责任编辑　贾洪宝
封面设计　李媛格

出版发行	华夏出版社有限公司
经　　销	全国新华书店
印　　装	三河市万龙印装有限公司
版　　次	2022年1月北京第1版　2022年1月北京第1次印刷
开　　本	880×1230　1/16开本
印　　张	8
字　　数	120千字
定　　价	198.00元

华夏出版社有限公司　社址：北京市东直门外香河园北里4号　邮编：100028
　　　　　　　　　　网址：www.hxph.com.cn　电话：010－64663331（转）
　　　　　　　　　　投稿合作：010－64672903；986762145@qq.com

本书若发现存在印装质量问题，请与深圳市罗湖区红宝路8号财政大楼后院附二层静庐文化工作室联系调换（0755－25906090）。

题赠百年瓷魂醴陵窑一书刊发

世纪百年
红色经典

辛丑春月於合肥 吴雪

贺百年瓷魂醴陵窑出版

国瓷之宝

辛丑春月 辜东刘

釉下五彩璀璨不凋
日久弥新瓷中珍品

为醴陵窑题
辛丑仲春董昭礼

五行萃华
众美俱臻

辛丑年张道新书于拄著百年瓷魂醴陵窑出版之际 张道新

醴陵窑赋

华夏文明浩如瀚海，釉下五彩世界乃广袤集胎质和釉色之粹美，形体与彩饰之和融。质地精良其彩腴而不俗；色泽清雅其华艳而不庸。耐饶耐摩，精思独特，无铅无毒，绿色渲冲，声如磬，活如珑。

溯其史秩悠长，声名遐迩，扁豆双禽巴拿马夺魁，釉下五彩赛展中华工艺之精，东方陶瓷之美。自当凭信天下名瓷出醴陵；一任迢峣，红色文化镶釉下，倾廉环宇，遂作地标。尤欣世纪初烔出口受迕，毛瓷复创超腾，信乃我民族形器，秉千秋之流彩，合芸庶之历揉。致用美观，达幽臻善，为豪而傲！

辛丑年冬月 若水轩主张道新敬书

[印章：张] [印章：道新]

本书支持及作者简介

覃志刚 1953年生于广西柳城。现任全国政协常委、全国政协书画室副主任。历任中国文联副主席、党组副书记、书记处书记，西泠印社顾问，北京大学客座教授。幼喜翰墨，初学柳公权、赵孟頫，继而专攻行草，于"二王"用力尤多，近习怀素、林散之，书格渐高。书作俊朗古朴，遒劲典雅，柔中见刚，萧散朴茂。又醉心国画，探究宋元以来笔墨精要，精研石涛、八大山人、青藤及清"四王"。画作以书法为骨，点画洇染，气象醇厚。常以写生手法造境，简约洗练而又磅礴空蒙，从心所欲，自成境界。

吴雪 1959年生于安徽蒙城，现任安徽省书法家协会主席、中国书法家协会理事、中国书协创作委员会委员。曾任安徽省书协副主席、安徽省青年书协主席、安徽省文联主席。其人谦逊儒雅，重情仗义，奖掖后学，有长者之风。幼爱笔翰，初习唐楷，后研汉碑，继而专攻行草。以帖为师，师古不泥，力求自身修养与笔墨的内在统一。其作品或天真烂漫、自然率真，或豪纵奇逸、风姿跌宕，或意蕴空灵、宁静超逸，充溢着浓郁的书卷气，达到了雄浑与典雅的统一，刚柔相济，美而不俗，秀而不媚，深受人们喜爱，多幅作品入选全国性书展、书法作品集及辞书、年鉴等，被多家博物馆、艺术馆收藏。在书法理论研究领域笔耕不辍，参与主编《书法新论》《书法新探》等著作。在文联主持承办世界艺术家大会、中国"兰亭书法大赛"。

董昭礼 1953年生于安徽庐江，历任安徽省委组织部研究室、办公室主任，合肥市委副书记及市委党校校长，合肥市政协主席、党组书记，现任合肥市慈善总会第三届会长、中国书法家协会会员、中国作家书画院艺委会委员、安徽省书法家协会副主席、合肥市书法家协会名誉主席等职。其人严于律己、坚守内心、远离浮躁、不求闻达，虚怀若谷、潜心学问。书法创作注重以厚积学养、涵养和修养为根基，强调继承优秀传统文化基础上的创新。书体以行书见长，铁马秋风、杏花烟雨、稳中见奇、静中寓动、自然自如。书法点线有弛有张、墨色左润右浸，对立与和谐，阳刚与阴柔、大气与小巧、点横钩撇淋漓尽致，中和朗润扑面而来。

胡野秋 1962年生于安徽芜湖。文化学者、作家，曾任深圳市特区文化研究中心文化产业研究室主任、2007功夫之星全球电视大赛文学顾问。大学时开始文学创作，曾于80年代在《安徽文学》、《清明》、《海鸥》等杂志发表短篇小说、散文。1983年入职《中国青年报》，曾获"中国新闻奖""全国好新闻一等奖""全国现场短新闻一等奖"等新闻界最高奖。1992年入职《深圳特区报》，创办《影视双周刊》杂志，任副社长、总编辑。后从事文化战略、文化产业及传媒研究，出版《胡腔野调》《冒犯文化》《作家日》《佛国橄榄绿》等著作，在多家媒体开设个人专栏。同时任凤凰卫视《纵横中国》总策划、《凤凰影响力》策划人。

张道新 1971年生于安徽肥东，号若水轩主人。国家一级美术师、中国美术家协会会员、深圳市政协书画院副院长、中国残疾人醴陵陶瓷艺术研究院名誉院长。现居深圳，潜心国画，笔墨酣畅淋漓，技巧法度准确，多表现特立独行、追求自由之文化风骨等传统主题。代表作《黄山朝晖图》入选"2007中国百家金陵画展（中国画）"，《江南春韵》入选《中国改革开放30周年艺术成就展》，《紫气东来》《黄山云海》被中国美术馆收藏、获"欢颂国庆·喜迎十八大——残疾人·名家书画展"金奖，《大福大寿》《五和图》被驻华使馆等机构收藏。收藏研究醴陵瓷器20多年，尤重湖南醴陵釉下五彩瓷，藏品达数千件套，形成多个醴陵窑专题系列。其为人笃行厚德载物、上善若水之民族精神，走遍湖南浏阳、平江老红区及安徽岳西金寨等老苏区，以至于一带一路南太平洋岛国，参与支持慈善帮扶公益项目，扶残助残，以奉献大爱为分内使命和人生价值的最大体现。

序 言

活在岁月中的历史

胡野秋

中国是陶瓷的故乡，是中国人发明了瓷器。在英语语汇中，"中国"与"瓷器"同为一词：CHINA。早在唐宋之际，中国的瓷器就远涉重洋，成为欧洲皇室和贵族的珍品，但欧洲人一直苦于造不出瓷器。直到18世纪中叶，欧洲传教士才苦心孤诣地获得了中国瓷器的制造方法，烧出了他们自己的瓷器，其实也都是中国瓷器的仿制品。

中国瓷器产地众多，享有"瓷都"之誉的有三个地方：江西景德镇、福建德化、湖南醴陵。"三都"各有千秋，景德镇以青瓷和粉彩著称，德化的白瓷被称为"中国白"，而醴陵釉下彩瓷更是令人惊叹。

久闻醴陵瓷大名，但终不如景德镇瓷器为人熟知。此次借张道新兄大作《百年瓷魂醴陵窑》出版之际，才第一次集中地领略醴陵瓷的风采。道新兄将百年多以来的醴陵瓷器依序收录，达百件之多。这样的规模，实让我等大饱眼福。

道新兄在国画上用功甚深，其作品被中国美术馆收藏。道新为人敦厚良善，讷言敏行，毫无清高之气，颇有儒家风范。他近年用了大量时间致力于残疾人慈善事业，埋头做了很多不为人知的善举，倒也不奇怪了。

道新的另一重身份是收藏家，而且收藏范围极为广博。笔者曾在数年前筹备一个读书月"尺牍文心——名人手札大展"，深感藏品欠丰。正在力不从心之际，是道新兄的收藏帮了我的大忙，展览大获成功。我心里明白，如果没有道新兄的珍贵名人手札藏品，此展是断难称"大"的。因此，我对道新兄始终心存感激。

这次他把一百多件醴陵瓷器集中展示出来，实际上是把一部近代陶瓷史呈现给了我们，因为除了少数几件宋代老窑青釉碗，大多是醴陵釉下彩瓷，而釉下彩瓷的诞生是清末民初的事情。

在我看来，醴陵瓷最惊艳的是釉下彩。在此以前，釉上彩是陶瓷的主要工艺手段，因为彩色釉含有铅毒，作为家常器皿，尤其是食器，毕竟令人不安。光绪三十一年（1905年），作为北洋政府总理的湖南凤凰人熊希龄来到醴陵，陪同者是曾经参与过"公车上书"的醴陵举人文俊铎，他们两个人改写了千年醴陵瓷器的历史。熊希龄以实业兴国的热情和手中掌握的权力，筹款振兴醴陵瓷业，提出了"立学堂、设公司"等主张，并亲任湖南瓷业制造公司总经理，而文俊铎任湖南瓷业学堂监督；还聘请了景德镇瓷器技工，引进了当时日本最先进的生产工艺和设备，醴陵瓷从此由粗瓷生产进入到细瓷开发的新纪元。五色釉下彩也便在此背景下应运而生，并成为醴陵瓷对中国陶瓷的最大贡献，获得了"白如玉、薄如纸、明如镜、声如磬"之美誉。

抗日战争中断了醴陵瓷器业脉，新中国建立后，醴陵瓷才重获新生，一度成为毛主席、周总理等党和国家领导人专用瓷及国宴专用瓷、馈赠外国政要的国礼瓷，醴陵釉下五彩瓷理所当然地被视为"红色官窑"。

展阅道新兄编撰的《百年瓷魂醴陵窑》，从五彩斑斓的醴陵瓷品中，我读出了千年人文的积淀，读出了百年世事的变迁，读出了花鸟虫鱼的世界，也读出了人民领袖的风采。

醴陵瓷让我们赏心悦目，更让我们珍惜岁月。

世界每天都在变化，不变的是穿越古今以至未来的瓷魂。

2021 年 9 月

于深圳无为居

目 录

釉下五彩万花赏世界和瓶……………………… 1

釉下五彩宣统瓷瓶………………………………… 2

釉下五彩牵牛花杯………………………………… 3

醴陵老窑青釉碗…………………………………… 4

釉下五彩天盛和瓶………………………………… 5

五彩英雄图笔筒…………………………………… 6

釉下五彩牡丹花卉橄榄尊………………………… 7

釉下五彩山水将军罐……………………………… 8

釉下彩一心向党瓷碗……………………………… 9

醴陵窑釉下彩卧牛瓷塑摆件…………………… 10

五彩开窗红梅碗………………………………… 11

釉下彩回形纹碗………………………………… 12

釉下五彩荷花图薄胎皮灯……………………… 13

釉下五彩松鹤图臂搁…………………………… 14

釉下彩毛主席语录碗…………………………… 15

五彩年年有余碗………………………………… 16

釉下五彩天安门太阳升图花瓶………………… 17

釉下五彩中越友谊杯…………………………… 18

釉下五彩东风号轮船图碗……………………… 19

釉下蓝彩缠枝莲花卉茶具……………………… 20

釉彩双喜花卉茶壶……………………………… 21

五彩大寨风貌图碗……………………………… 22

釉下五彩红梅图将军罐………………………… 23

釉下五彩松树长青胜利杯……………………… 24

釉下五彩黑地百花不落地花卉花瓶…………… 25

釉下五彩松鹤花卉图文具……………………… 26

釉下五彩寿星人物壶…………………………… 27

釉下五彩毛主席四季花碗……………………… 28

釉下彩工农兵瓷盘……………………………… 29

五彩南京长江大桥图碗………………………… 30

釉上红彩花卉长寿碗…………………………… 31

釉下五彩金樱子方肩瓶………………………… 32

黑釉描金兰花六头文具………………………… 33

釉下白底青花大碗……………………………… 34

釉下五彩草原英雄小姐妹花瓶………………… 35

釉下五彩雕塑吹火娃…………………………… 36

釉下五彩花卉茶具五件套……………………… 37

釉下五彩清赏红梅圆盘………………………… 38

釉下五彩描金葫芦图酒具……………………… 39

釉下五彩红豆花卉茶具………………………… 40

釉下蓝彩花卉花瓶……………………………… 41

釉下彩青花岳阳楼风景茶具…………………… 42

釉下五彩双凤守宝花描金酒具………………… 43

釉下五彩长城图瓷盘…………………………… 44

釉下蓝彩花卉五头咖啡具套件………………… 45

釉下五彩双凤图花瓶…………………………… 46

釉下五彩松鹤延年盘…………………………… 47

釉下五彩花鸟茶壶……………………………… 48

釉下五彩气壮山河梅瓶………………………… 49

釉下五彩描金车马人物御温杯………………… 50

釉下五彩八仙过海蓬莱阁瓷盘	51
釉下彩复色釉艺术瓷套组之一	52
釉下彩复色釉艺术瓷套组之二	53
五彩东方红将军罐	54
釉下五彩红梅竹图 17 头饮品瓷	55
五彩七品芝麻官瓷塑像	56
釉下彩松鹤延年胜利杯	57
釉下五彩大雁图花瓶	58
釉下五彩描金三友图凤鸣酒壶	59
釉下五彩喜上眉梢瓷壁挂	60
釉下五彩石榴花图餐饮套具	61
釉下五彩松鹤华国锋题词将军罐	62
釉下五彩枫叶珍珠堆塑香插	63
釉下五彩雄鹰图花瓶	64
釉下五彩牵牛花梅瓶	65
釉下黑白釉陈设艺术瓷	66
釉下彩手绘青花杯	67
釉下五彩松鹰图花瓶	68
釉下五彩荷花盖碗茶具	69
釉下五彩吉利图花瓶	70
釉下彩豆青釉描金雕刻脱胎菠萝花瓶	71
蓝彩观沧海人物挂盘	72
釉下五彩花卉小挂盘	73
釉下五彩八兔报喜挂盘	74
金属釉试制人物摆件	75
釉下五彩葡萄纹酒具	76
釉下五彩大会堂白牡丹杯	77
釉下五彩红色山茶花茶具	78
釉下五彩福寿山水花瓶	79

釉下五彩暗刻花卉大会堂餐具	80
釉下五彩月季花茶叶罐	81
扁豆双禽巴拿马瓶	82
釉下五彩纪念毛主席 115周年诞辰茶具套瓷	83
釉下五彩红梅胜利杯	84
釉下五彩福禄俱臻梅瓶	85
釉下五彩玉兰花茶具套件	86
五彩龙凤朝阳双瓶	87
釉下彩中国红奥运福娃玉壶春瓶	88
釉下五彩政协纪念瓷盘	89
釉下五彩竹报平安花鸟花瓶	90
釉下五彩牡丹花卉瓷挂盘	91
釉下五彩鸳鸯戏水挂盘	92
釉下五彩毛瓷书房四宝	93
釉下五彩瓷魂凤尾尊	94
釉下五彩王者之香图挂盘	95
釉下彩醴陵印象古巷瓷版画	96
釉下彩红地云龙花瓶	97
釉下五彩调色盘	98
釉下五彩和谐福贵玉壶春对瓶	99
永远的红军——纪念创建大别山革命根据地的三次武装起义纪念瓷盘	100
附录一：湖南醴陵釉下彩瓷简介	101
附录二：醴陵釉下彩瓷业从业见闻	104
附录三：红官窑：五彩国瓷，国宾礼品	107
附录四：醴陵釉下彩瓷业重要人物简介	110
后记（附汪道涵题签上海老街盘）	116

釉下五彩万花赏世界和瓶

年代：2010 年　　尺寸：高 51cm 口径：12.2cm

醴陵市人民政府监制。瓶身以 2010 年上海世界博览会的 100 多个参展国的国花为主题，由邓文科、陈扬龙、宋定国、王坚义四位工艺美术大师联袂创作。万花赏瓶寓意世界各国和谐相处，共创繁荣昌盛新时代。

作品设计美观大方，制作工艺精湛，画面鲜明靓丽，正面是联合国助理秘书长贝楠题词，极具收藏和观赏价值，是醴陵陶瓷史上的又一个艺术高峰。

釉下五彩宣统瓷瓶

年代：1910年　尺寸：高46cm，直径：24cm

　　大清宣统二年湖南瓷业公司出品。时值中国历史新旧交替剧烈巅峰，此期瓷器既有前朝烧制风格，又有现代瓷器特征。该瓶瓷质优良，器型精美，纹饰细腻；釉面光莹润泽，色彩沉着典雅。传世品不多，甚为珍稀。

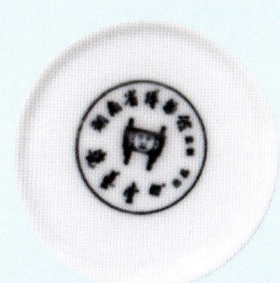

釉下五彩牵牛花杯

年代：2010年代　尺寸：高13cm 直径9 cm

该杯采用釉下五彩大球泥手绘，画工精美，瓷白柔润，出自中国陶瓷艺术大师、中国工艺美术大师黄永平之手，由湖南省博物馆监制，瓷艺堂出品。黄永平是一位能将技术与艺术融会贯通、理论与实践互证的大师。瓷艺堂作品的"陶瓷之技"绽放着"陶瓷之美"，看得见精神风骨，散发着文化底蕴。

醴陵老窑青釉碗

年代：宋代　尺寸：高 6.5cm，直径 20.2cm

醴陵陶瓷历史悠久，从新石器时代制作陶器开始，历经夏商周汉唐宋元明清，从未间断。该件民窑青釉碗，在工艺、材料、烧制等方面都已成熟，颇有醴陵之风。千年流传，堪称难得。

釉下五彩天盛和瓶

年代：2009年 尺寸：高45.5cm，直径30.5cm

邓文科、张松茂两位大师联袂制作，代表湖南醴陵、江西景德镇两座世界瓷都的艺术高峰。器形为天球赏瓶，上部是张松茂绘制的青花橄榄枝果，采用独特的青花三阶云技法，古朴大气；下部是邓文科运用国画双勾分水填色，手绘和平鸽"万花堆"，并以"三烧"法烧制。该瓶尊贵大方，浑然天成，寓意祖国和平昌盛，和谐共融。天盛和瓶是湖南省陶瓷研究所向伟大祖国60华诞敬献的国典重器。

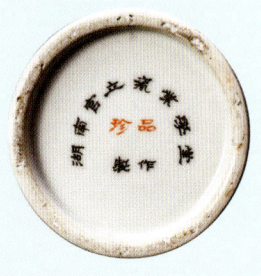

五彩英雄图笔筒

年代：1907年　尺寸：高13cm，直径8.5cm

吴寿祺大师的早年作品（清光绪三十三年），制作精良，大气娴熟。图案耐人寻味：贪婪的老鹰居高虎视，随时可能发起致死一扑，无畏的公鸡鸡冠怒立、尾翼振起，时刻准备拼死一搏。谁是真正的英雄，观赏者自会各有领悟。

釉下五彩牡丹花卉橄榄尊

年代：清宣统元年（1909年）　　尺寸：高37.5cm，直径16.6cm

醴陵窑釉下彩的创烧，离不开醴陵瓷业之父熊希龄。1908年，历经无数次艰苦试制，湖南瓷业公司成功烧制出玛瑙红、海碧、草绿、艳黑、桔色五种高温釉下的颜色，并采用"三烧制"工艺创烧出前所未有的釉下五彩瓷器，开创了中国瓷器装饰发展史上的新纪元。

该尊是湖南瓷业公司当时的代表作，流传至今仍完好无损，是见证当时政治经济、文化艺术、工业技术等发展高度的实物重器。

釉下五彩山水将军罐

年代：民国　尺寸：高 45cm，直径 25cm

　　一对难得的民国官窑精品，器形硕大，做工精良，完整端庄。正面是艺术大师手绘山水，细腻秀美，层次丰富；背面手书"山清水秀"四字，颇有隽秀清丽之气。

釉下彩一心向党瓷碗

年代：1950年代　尺寸：高4.5cm，直径13.7cm

该碗是新中国成立后，醴陵瓷业工人坚决拥护中国共产党领导、一心一意跟党走、一切行动听党指挥的历史见证。造型朴素大气，敞口直腹、底足稍深，轻盈而不失厚重。

醴陵窑釉下彩卧牛瓷塑摆件

年代：1950—1970年代　尺寸：高12cm，直径25cm

群力瓷厂艺术大师作品。卧牛神形兼备，造型生动逼真，做工精塑细琢，立体空间与写实率真完美结合，是醴陵窑瓷塑艺术史上的一座丰碑。

作品极具艺术和人文感染力，主题鲜明，象征着中华民族勤劳勇敢、任劳任怨的大无畏精神。习近平总书记号召全党、全国人民："前进道路上，我们要大力发扬孺子牛、拓荒牛、老黄牛精神，以不怕苦、能吃苦的牛劲牛力，不用扬鞭自奋蹄，继续为中华民族伟大复兴辛勤耕耘、勇往直前，在新时代创造新的历史辉煌！"

五彩开窗红梅碗

年代：1950—1970年代　尺寸：高6.5cm

醴陵新民瓷厂精制。运用釉下蓝釉为地色，前后开椭圆窗口，绘制红色蜡梅，为日常用瓷赋予艺术气息，典雅喜庆，深受老百姓的喜爱。

釉下彩回形纹碗

年代：1950—1970 年代　尺寸：高 7.5cm

回形纹可追溯到新石器时代的彩陶纹饰，历经夏、商、周，与青铜器纹饰一道演变传承至今。回形纹的简洁、单纯、严整形成了独特的视觉质感，简约平淡中透出顽强的生命力和均衡的视觉张力，蕴含着中华民族源远流长的人文精神。

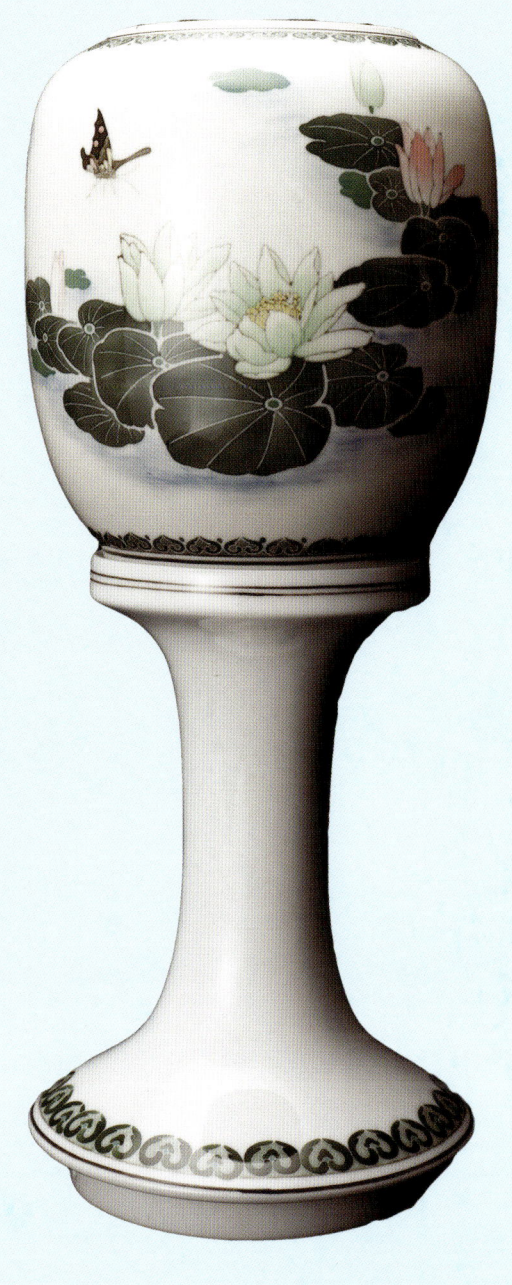
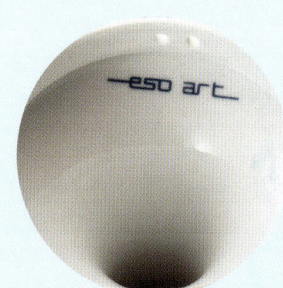

釉下五彩荷花图薄胎皮灯

年代：1950—1970年代　尺寸：高45cm

醴陵群力瓷厂外销日用瓷器。设计制作以中国传统宫灯为蓝图，借鉴西式高脚款型，经过现代技术改良创新，集观赏、收藏、实用于一体，是出口瓷器中的经典作品。

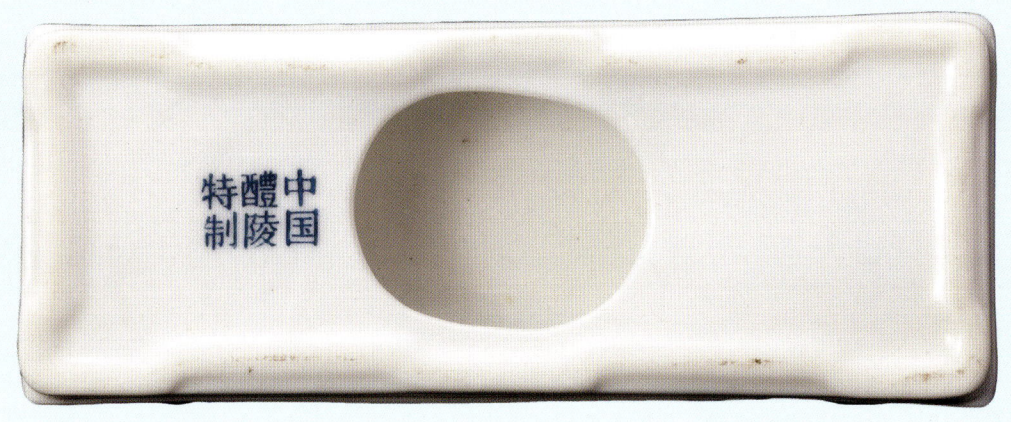

釉下五彩松鹤图臂搁

年代：1950—1970年代　尺寸：高3cm，直径16cm

中南海专用瓷，醴陵群力瓷厂倾心之作，陶瓷艺术大师孙根生手绘图案。臂搁，用毛笔书写时放置手腕之物。

釉下彩毛主席语录碗

年代：1950—1970年代　尺寸：高6cm

精心设计制作佳品。毛主席语录"完全彻底地为人民服务"绘写于打开的书页边框之内，红旗飘带飞绕两边，光芒万丈的太阳照耀祖国大地。一只普普通通的日用瓷碗，传达着党中央对全体党员干部的严格要求，同时也反映了老百姓对党和国家的殷切期盼，极具时代意义。

五彩年年有余碗

年代：1960 年代　尺寸：高 5.5cm

株洲市雷打石瓷厂日用制品。成双成对，红绿相间。内绘红鱼河草，外绘大白菜和竹筐编制过程等传统图案，反映了劳动人民期盼年年丰裕、生活美满的美好愿望。

釉下五彩天安门太阳升图花瓶

年代：1969年　尺寸：高35cm，直径15cm

"我爱北京天安门，天安门上太阳升。伟大领袖毛主席，指引我们向前进。"这首耳熟能详的歌曲就是对该花瓶画面的生动诠释。醴陵力生瓷厂工艺美术人员怀着对毛主席与天安门的崇敬和向往，怀着深厚的无产阶级感情，倾心绘制了这一对花瓶。

釉下五彩中越友谊杯

年代：1958年　尺寸：高15cm，直径12cm

醴陵群力瓷厂精制中国援越北仑河大桥通车纪念品，俗称"中越友谊杯"，是中越山水相连、友好交往、互利合作的历史见证。

釉下五彩东风号轮船图碗

年代：1970年　尺寸：高6cm；直径11.5cm

"东风号"轮船是新中国自行设计、自行建造的第一艘万吨级远洋货轮，1965年12月31日竣工交船，1966年5月6日周恩来总理陪同外宾到"东风"号参观，对"东风"号予以热情赞扬。1967年重载航行于大连，正式通过中国国家技术鉴定组验收并同意该船可航行远洋。该碗以"东风号"轮船为主题图案，辅以工厂、天气预报风力叶轮、粮仓、高压输电塔、学校、新农房等时代风物图案，反映当时政治经济、城乡生活新面貌。

釉下蓝彩缠枝莲花卉茶具

年代：1970年代　尺寸：高9—20cm，直径9—31cm

群力瓷厂精制人民大会堂专用瓷。造型质朴优美，瓷质洁白，温润如玉，晶莹剔透，典雅清新。图案取材于中国传统推崇备至的莲花，以二方连续的缠枝形式构图，蓝白虚实布局匀称，循环往复，技法严谨，线条流畅，生机盎然。

釉彩双喜花卉茶壶

年代：1950—1970年代　尺寸：高17cm

传统婚庆用品。设色清雅，纹饰精美，双喜大字喜庆吉祥，戏水鸳鸯深情对视，绽放莲花寓意相恋相依。茶壶胎质洁白，釉面肥厚，造型别致，器形规整，是老百姓喜爱的实用生活瓷器。

五彩大寨风貌图碗

年代：1975年　尺寸：高 5.5cm

　　醴陵国光日用瓷碗，胎质细腻，堪称民间艺术佳作。正面是依偎在高山脚下的大寨村，树木掩映，街道平直，反映了老百姓对乡村生活的美好愿景；背面是草书毛主席语录"农业学大寨"，朴拙而流畅。该款瓷碗时代特征浓郁，具有极高的历史价值和一定的艺术价值。

釉下五彩红梅图将军罐

年代：1963年　尺寸：高35cm，直径13.5cm

"湖南省陶瓷研究所精制"的代表作品。将军罐是中国陶瓷艺术的一种罐式，因宝珠顶盖形似将军盔帽而得名。初见于明代嘉靖、万历朝，至清代顺治时基本定型，康熙朝最为流行。罐身为直口、丰肩、敛腹、平面砂底，附宝珠顶高圆盖。该罐正面手绘红色蜡梅，背面书写毛主席《卜算子·咏梅》："风雨送春归，飞雪迎春到。已是悬崖百丈冰，犹有花枝俏。俏也不争春，只等春来报。待到山花烂漫时，她在丛中笑。"该罐瓷质坚细，釉面光润，典雅轻巧，制作精良，属稀见珍品。

釉下五彩松树长青胜利杯

年代：1960年代　尺寸：高14.5cm，直径12.5cm

  国庆15周年人民大会堂国宴盛典要求全部使用新的国宴用瓷，江西景德镇、山东淄博、河北磁州及湖南醴陵参与制作竞选。湖南醴陵釉下五彩瓷以其独特的魅力，力挫群雄一举夺魁，由国家机关事务局、人民大会堂、国家经委审查同意，并报请周总理批准，由湖南醴陵群力瓷厂担此重任。该国宴杯也成为人民大会堂专用瓷之一，制作精良、瓷坯致密、瓷化完全、釉面洁滑、颜色纯正、平整稳定、通体透亮。杯身松树图案由工艺美术大师吴景林绘制，用单色分出层次，着力表现苍松劲立的时代精神、民族气概。该松树胜利杯后来被周恩来总理选为专用茶具，堪称陶瓷标杆、历史见证，集万千宠爱于一身，国宝国瓷，绝世珍品！

釉下五彩黑地百花不落地花卉花瓶

年代：1950—1970年代　尺寸：高25cm，直径9.5cm

群力制造精品花瓶。精美绘画采用传统技法，多种花卉布满瓶身，而黑底色更显尊贵沉稳。该瓶经三次入窑烧制而成，成对完整更是难能可贵。现为天安门城楼、人民大会堂陈设艺术瓷。

釉下五彩松鹤花卉图文具

年代：1960年代　尺寸：高3—11cm，直径8—11cm

醴陵群力瓷厂特制，中国陶瓷艺术大师孙根生主笔创作。松鹤延年是中国传统祝福题材，松树代表傲霜斗雪、卓然不群、经冬不凋，喻长青。白鹤被视为出世之物，高洁清雅、仙风飘然，喻长生。松鹤结合即为卓然不群、素雅高洁、长生长寿，极具文人气节和民族精神。该套松鹤文房用具为中南海用瓷。

釉下五彩寿星人物壶

年代：1960年　尺寸：高12cm，直径20cm

　　长寿是中华民族的传统向往。该寿星壶构思新颖、釉色艳丽、巧夺天工。壶盖呈海寿星状，壶身呈寿桃状，写实与意象相结合，充满生活乐趣和对长命百岁的美好向往。本是平常日用品，现已成为被珍藏的艺术佳作。

釉下五彩毛主席四季花碗

年代：1950—1970年代　尺寸：高2.5cm，直径19.5cm

毛主席专用四季花瓷碗，闻名世界。1974年秋天，毛主席回到家乡，在湖南省委九所蓉园一号楼住了114天。其间，湖南省委提出烧制一批专供毛主席使用的瓷器，也作为毛主席81岁生日的贺礼，并把这个工作交给了醴陵群力瓷厂。省委要求：一要内外两面都有花，二要结实耐用重量轻，三要保证健康，四要突出政治、具有全国代表性。醴陵群力瓷厂动员各方资源，集顶级工艺巨匠、陶瓷大师之力，起用绝世"大球泥"原料，于当年11月完成烧制，被后人作为国瓷珍藏。四季花分别是春季迎春、夏季海棠、秋季杜鹃、冬季蜡梅，四季花开寓意富贵吉祥。

釉下彩工农兵瓷盘

年代：1950—1970年代　尺寸：高2.5cm，直径25.5cm

工农兵学商是在计划经济时代的职业分工。该盘绘图以工农兵人物为主题，配以贺龙元帅题词："革命烈士们的业绩、鼓舞着我们永远前进。"构图严谨，设计精致，制作优良。

五彩南京长江大桥图碗

年代：1971年　尺寸：高7cm

醴陵新民瓷厂日用瓷。南京长江大桥1960年1月18日开始建造，1968年9月铁路通车，12月公路通车，是长江上第一座由我国自行设计和建造的双层式铁路、公路两用桥，是新中国经济建设的重要成就、中国桥梁建设史上的里程碑，具有重要的政治、经济和战略意义，承载了中国几代人的特殊情感与记忆。

釉上红彩花卉长寿碗

年代：1950年代　尺寸：高6.5cm

醴陵出口瓷厂出口创汇日用瓷品，从民国到建国后1950年代，其底款为"醴陵出口瓷厂出品"，品相精美，存世稀少。图案是中国传统红花寿文，承载着老百姓对健康长寿的朴素愿望。

釉下五彩金樱子方肩瓶

年代：1980年代　尺寸：直径23cm，高：42cm

　　湖南省陶瓷研究所出品。采用极品高岭土精制，瓷面晶莹，瓷质细腻。图案由国家级大师汾水手绘，花卉繁茂，技法老道。该瓶具有极高的艺术价值，是一件不可多得的鉴赏收藏珍品。

黑釉描金兰花六头文具

年代：1960年代　尺寸：高 3—19cm

湖南陶瓷研究所精品力作。该套文具极具艺术感染力，沉稳大气、清新雅致、富丽高贵，制作要求极高，烧制温度须达到1380℃，并须经三次入窑烧制而成。

釉下白底青花大碗

年代：1960年代　尺寸：高7cm，直径：17cm

建国初期出品的"中国醴陵"款釉下白底青花大碗。品相完美，胎质厚重纯朴；青花发色艳丽，蓝中泛紫；敲击发声浑厚悦耳。存世稀少，难能可贵。

釉下五彩草原英雄小姐妹花瓶

年代：1960年代　尺寸：高20cm，直径7.5cm

　　该瓶正面以釉下五彩描绘草原英雄小姐妹龙梅、龙荣战严寒、抗风雪、保护集体羊群的感人形象，设色艳丽，绘工精美，生动传神，时代特征鲜明，实属红色官窑醴陵群力瓷厂的釉下五彩珍品。

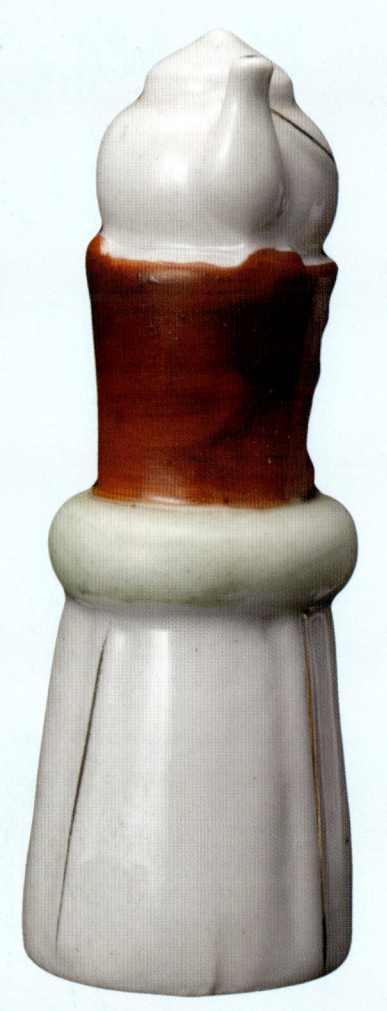
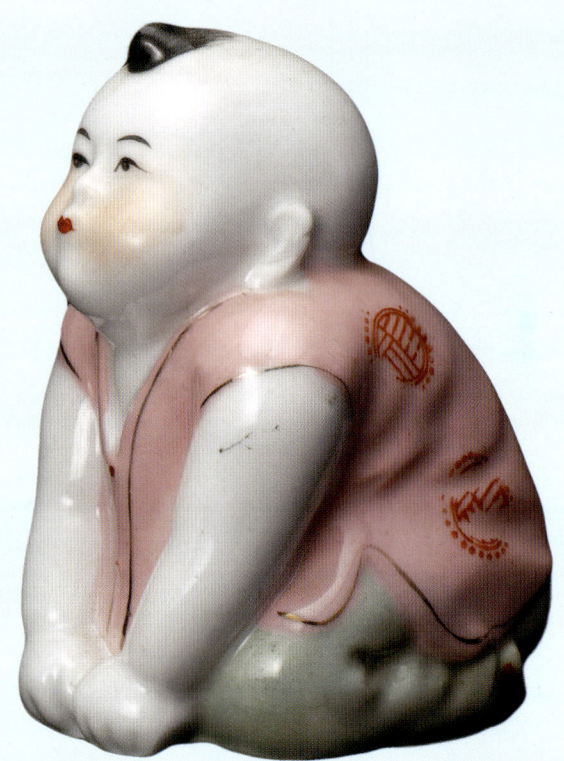

釉下五彩雕塑吹火娃

年代：1960年代　尺寸：高10cm

吹火娃雕塑瓷品运用传统捏塑手法雕修成型，着色鲜明、造型逼真。一座炭炉一把壶，可爱的宝宝努力鼓腮吹气，形象表现了宝宝烧水的情景，写实与意境完美结合，是来自生活而高于生活的真实写照，弥足珍贵。

釉下五彩花卉茶具五件套

年代：1950—1970年代　尺寸：高9—19cm，直径11—25cm

醴陵星火瓷厂精品制作。星火瓷厂是20世纪制作釉下五彩的代表性企业，属红色官窑，其多种釉下五彩制品被选为国礼瓷品，用于赠送外宾及国家重要场所陈设用瓷。

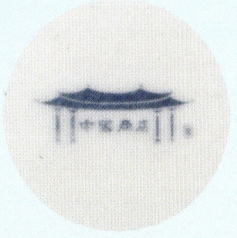

釉下五彩清赏红梅圆盘

年代：1950—1970年代　尺寸：高2.5cm，直径30cm

　　醴陵群力出品，中国商店出口创汇瓷。盘体采用大球泥制作，瓷质细腻，通体晶莹，技法严谨。盘底红梅傲雪怒放，构图简约清新。

釉下五彩描金葫芦图酒具

年代：1970年代　尺寸：高17cm，直径15cm

醴陵永胜瓷厂制作。该套件采用洪江大球泥材料，瓷质洁白，透亮如玉。葫芦寓意福禄双全、吉祥天宝，艺术大师绘制的葫芦花卉，技法超群，与葫芦造型完美结合，设计独具匠心。整套作品尽显高贵典雅，乃湖南陶瓷研究所釉下五彩的代表佳作、难得的艺术珍品。

釉下五彩红豆花卉茶具

年代：1970年代　尺寸：高10cm，直径15.5cm

"红豆生南国，春来发几枝。愿君多采撷，此物最相思。"该套茶具由湖南陶瓷研究所精制，艺术大师以唐代王维诗《相思》为主题，把相关意象绘于茶具瓷面上，技法高超、色彩鲜艳、高贵典雅。该套茶具制作工整，设计独具匠心，把实用日用瓷器提升到了人文、艺术、爱情、友谊的精神层面，令人赏心悦目，爱不释手。该套茶具完整成套，业内罕见，收藏价值巨大。

釉下蓝彩花卉花瓶

年代：1970年代　尺寸：高24.5cm，直径13cm

　　蓝彩又称复合釉彩，该花瓶绘画利用蓝彩的素雅和白彩的清爽，配合描绘花卉，浓淡相宜，典雅大方，层次感强，线条秀美流畅，形成了极为厚重的装饰风格，具有鲜明的民族风情和地方特色。该花瓶稀少贵重，是精美的陈设艺术瓷。

釉下彩青花岳阳楼风景茶具

年代：1970年代　尺寸：高13cm，直径12cm

  中国陶瓷工艺大师唐汉初设计绘画，醴陵群力精心制造。茶具制作精良、规范工整、釉色饱满。画面突破传统的山水构图，采用松竹梅图案边花和郁郁葱葱的暗柳衬托，岳阳楼端庄高耸，与湖中君山遥遥相望，湖上点点风帆，远近、主从、动静相互衬托呼应，把洞庭佳景和那"衔远山，吞长江"的气势巧妙地再现瓷表，见者赞为"瓷艺新秀"。1979年在广州举办的中国出口商品交易会上展出时，深受海内外观众喜爱。

釉下五彩双凤守宝花描金酒具

年代：1970年代　尺寸：高15.5cm，直径15cm

湖南新民瓷厂出品。该套酒具晶莹厚重，托盘与壶身均饰以传统双凤博古纹图案，具有浓郁的古典气息，闪耀着迷人的宝石光泽。圆形托盘寓意阖家团圆，葫芦造型寓意福禄双全，双凤守宝花象征相依相偎，深受藏友珍爱。

釉下五彩长城图瓷盘

年代：1950—1970 年代　尺寸：高 2.5cm，直径 33.3cm

　　醴陵群力瓷厂生产的出口釉下五彩瓷器。画面是工笔绘制的万里长城雄姿，制作精美，存世量少，是不可多得的优秀艺术藏品。

釉下蓝彩花卉五头咖啡具套件

年代：1950—1970年代　尺寸：高2.5—20cm，直径9—31cm

该咖啡具套件包括壶、杯、碟、糖缸、奶缸。釉下蓝彩绘制海棠花图，清新淡雅。优质泥料、优秀工艺、优秀大师制作，稳重大方，是出口创汇精品瓷。

釉下五彩双凤图花瓶

年代：1970年代　尺寸：高29.5cm，直径12cm

  凤凰是中国传统文化的一种图腾，寓意吉祥如意、高贵华丽、盛世太平，还象征着权力和爱情。花瓶以凤凰、祥云为主题，以蓝彩色泽辅助。蓝彩深沉稳重、宁静大方，衬托出凤凰展翅翱翔的姿态。顶缘、中腰、底足等部位以变形夸张工艺手法精绘而成。该瓶曾获部级大奖，是艺术国礼瓷品。

釉下五彩松鹤延年盘

年代：1950—1970年代　　尺寸：高2.5cm，直径25cm

株洲雷打石瓷厂制作。苍松清葱遒劲，双鹤高洁舒展，远山祥云缭绕，与致密洁白的瓷质融为一体，堪称精品。在中国传统文化中，松是长生不老的象征，鹤是神仙伴侣。盘面无折沿，弧形延展到边，造型之美，绘图之精，堪称珍品。

釉下五彩花鸟茶壶

年代：1950—1970年代　尺寸：高15cm，直径23cm

　　该壶品相精美，壶体端庄稳重，壶嘴及把手造型流畅别致，工艺一丝不苟。壶身画面色彩绚丽，动静相应，线条简练，技巧娴熟，应出自大师之手，是难得的特殊时期老壶藏品。

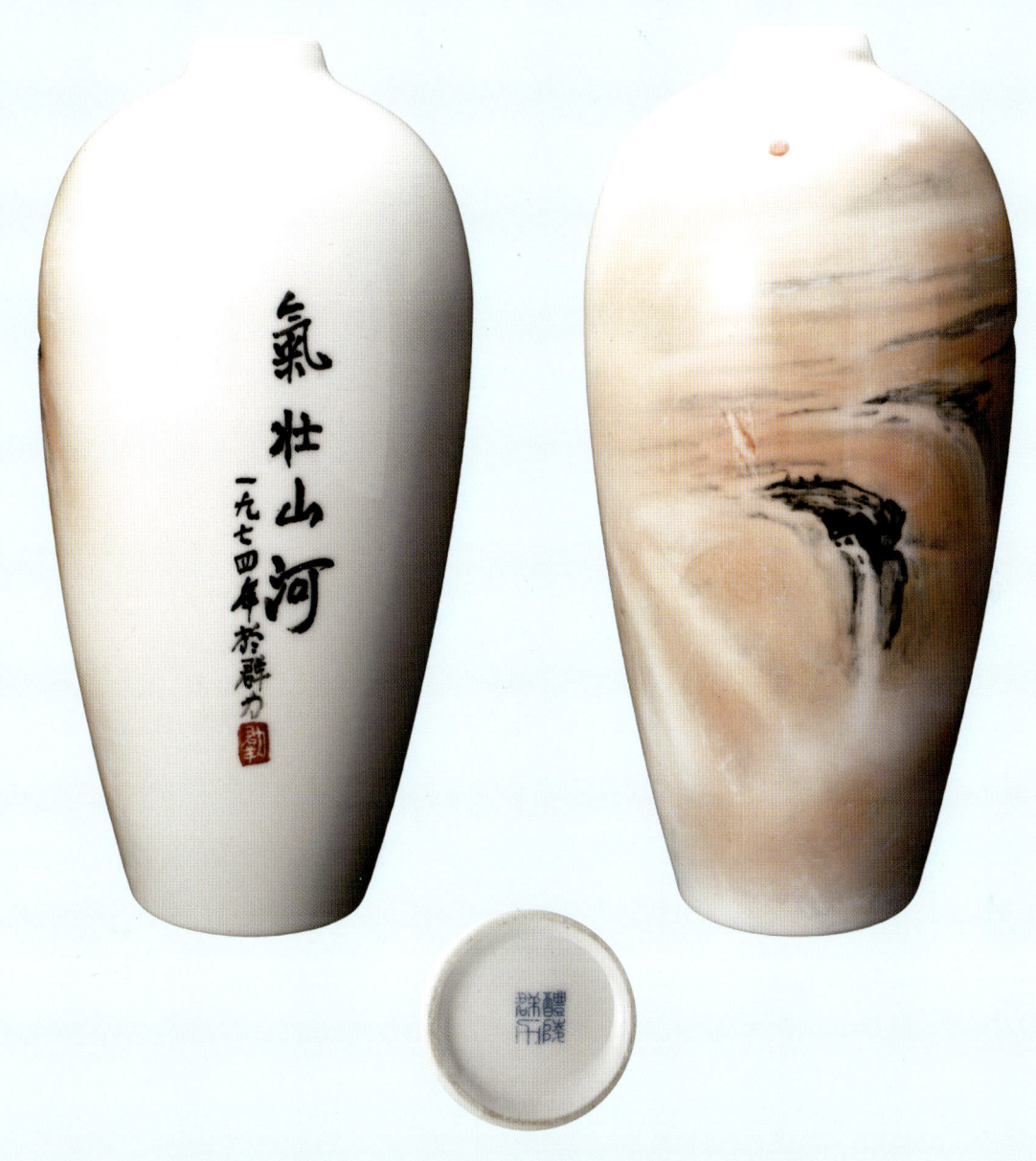

釉下五彩气壮山河梅瓶

年代：1974年　尺寸：高29.5cm，直径13.5cm

  醴陵群力瓷厂美术工艺大师创作的重器。一轮红日高悬天际，照耀着祖国的大好河山；长河瀑布飞流千尺，雷霆万钧。"气壮山河"题字藏锋不露，圆润凝重，与梅瓶形状相得益彰，神韵一体。

釉下五彩描金车马人物御温杯

年代：1970年代　尺寸：高14cm，直径12cm

1973年，株洲界牌陶瓷厂的刘仲篪、赖忠会、萧秀莲、周家兴等设计师，采用界牌优质瓷泥，根据热水瓶保温原理，活用双层两次成型工艺和内壁绘画技巧，研制成功了形似盖杯的御温杯，属国内首创。杯型美观大方、富丽堂皇，双层真空打光。杯身绘制车马人物吉祥鸟，诗情画意扑面而来，实用性与观赏性兼具，冬季开水可保温数小时。其工艺水平达到登峰造极的新高度，极度珍贵，作品真容难得一见，是省级、国家级重要场馆专用瓷或国家礼品专用瓷。

釉下五彩八仙过海蓬莱阁瓷盘

年代：1950—1970 年代　尺寸：高 2.5cm，直径 30cm

  该瓷盘是中国国光瓷厂为人民大会堂生产的专用瓷，数量极少，弥足珍贵。瓷盘底部绘制蓬莱仙阁建筑群，仙山巍峨，海浪汹涌，祠庙、殿堂、阁楼、亭坊错落有致，廊道、曲径、台阶、女墙穿插其间。民间流传道教有八位神仙，明吴元泰始定为铁拐李、汉钟离（钟离权）、吕洞宾、张果老、曹国舅、韩湘子、蓝采和、何仙姑，分别代表男、女、老、少、富、贵、贫、贱。瓷盘折沿对称绘制八仙所持"八宝"：葫芦、莲花与扇子、花篮上下相对，宝剑、渔鼓与檀板、笛子左右相对，丝带缠绕，仙气缥缈，宛如八仙真身隐约其上。

釉下彩复色釉艺术瓷套组之一

年代：1950—1970年代　尺寸：高 11—31cm

该组釉下单色彩釉，采用湖南陶瓷研究所创新产品——釉下复色釉，由唐锡怀等艺术大师设计制作，各系色釉各领高贵典雅之风范，沉稳大方，色彩鲜明。该组作品曾获市、省、部级大奖。

釉下彩复色釉艺术瓷套组之二

五彩东方红将军罐

年代：1967年　尺寸：高29.5cm，直径10.5cm

该罐手绘天安门和向日葵图案，"东方红"三字朴拙可喜，生活气息浓厚，继承了醴陵釉下五彩的传统工艺，颇具时代特色，是湘江瓷厂的精品之作。

釉下五彩红梅竹图 17 头饮品瓷

年代：1970 年代　尺寸：2.5—25cm

　　1971 年中华人民共和国恢复在联合国的合法席位。受国务院委托，湖南醴陵群力瓷厂举全省之力，以梅竹画面为主题，倾心制作出联合国大厦饮品用瓷。它采用毛主席用瓷材料与工艺，瓷质亮透，温润如玉，代表了世界制瓷最高水平。

五彩七品芝麻官瓷塑像

年代：1960年代　尺寸：高35cm，直径16cm

"当官不为民做主，不如回家卖红薯。"作品以写实手法塑造了七品芝麻县官的形象，用醴陵窑传统的釉上五彩进行绘色，色彩艳丽。塑像不但以诙谐的艺术手法表现了七品官的生动神态，更重要的是寄托了老百姓对政府官员的希望：要有担当、有作为、有垂范。

釉下彩松鹤延年胜利杯

年代：1970年代　尺寸：高14cm，直径12cm

湖南株洲板杉瓷厂为铁道部会议楼精制的专用瓷杯。质量要求相当高，采用毛瓷设计标准，胎体通透亮洁，釉面晶莹光滑，大师绘画高超。存世稀少，珍贵无比。

釉下五彩大雁图花瓶

年代：1975年　尺寸：高21cm，直径7cm

"故园渺何处，归思方悠哉。淮南秋雨夜，高斋闻雁来。"花瓶描绘了大雁北归的主题，有的已在戏水，有的盘旋待落，一片欢乐喜庆的景象。绘画大师以国画大写意手法，寥寥几笔皴擦点染，技法娴熟，用笔老练。以雁喻人思乡、归乡的心情，给观者留下无尽的遐想玩索。该瓶制作绝美，艺术、人文、收藏价值俱佳。

釉下五彩描金三友图凤鸣酒壶

年代：1960年代　尺寸：高5—23cm

出口日用瓷。利用空气流原理，制作酒壶盖下的瓶颈时，一半是中空、一半是实体，倒酒时气体冲击瓶颈会发出鸟鸣声音。日用瓷器将艺术、人物、生活完美结合，卓越不凡。

釉下五彩喜上眉梢瓷壁挂

年代：1970年代　尺寸：高23cm

喜上眉梢是中国传统的成语和吉祥语，又称喜鹊闹梅、喜上加喜、双喜临门等。该对壁挂雕塑高超、绘画精美，可谓佳作。

釉下五彩石榴花图餐饮套具

年代：1970年代　尺寸：高9.5cm，直径12.5cm

周恩来总理出访国礼用瓷。由湖南陶瓷研究所精制，李维善等艺术大师设计、绘画。以石榴花为主题，小写意精心描绘，技法高致，清新高雅。石榴代表美丽、富贵、多子多福。

釉下五彩松鹤华国锋题词将军罐

年代：1977年代　尺寸：高22.5cm，直径17cm

湖南陶瓷研究所艺术大师采用"毛瓷"原料和工艺精心制作。1977年5月在湖南召开的全国工业学大庆会议纪念瓷器，成双珍品，弥足珍贵。

釉下五彩枫叶珍珠堆塑香插

年代：1970年代　尺寸：高3.5cm，直径16.5cm

中国陶瓷艺术大师唐锡怀设计制作。借用"大珠小珠落玉盘"的意境，将珍珠作为线香底插，别出心裁，技法娴熟，实用性与艺术性完美统一，极富收藏价值。

釉下五彩雄鹰图花瓶

年代：1980年代　尺寸：高14.5cm，直径9cm

湖南陶瓷研究所精制，艺术大师力作。制作工整，胎体洁透，釉面光亮。雄鹰形象用笔老辣，激情饱满，把雄鹰奔放、勇猛、锐利的气势表现得淋漓尽致。高贵典雅，被选为国家重要场馆陈设艺术瓷。

釉下五彩牵牛花梅瓶

年代：1980年代　尺寸：高32cm，直径7cm

  湖南陶瓷研究所精制。醴陵釉下五彩装饰艺术的代表作，集胎质美、釉色美、工艺美、造型美、色彩美、烧制美于一体，具有极高的美学价值和文化内涵，得到了中外人士广泛推崇和喜爱。梅瓶所绘是人们喜闻乐见的题材，牵牛花（又叫喇叭花）丛中两只蝴蝶飞舞采蜜，动而若静，整个画面祥和澄谧。小生灵传递大境界，凝视片刻，便令人心旷神怡，超脱尘嚣之外，不愧是陶瓷艺术瑰宝。

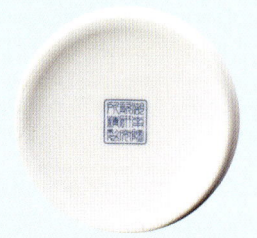

釉下黑白釉陈设艺术瓷

年代：1980年代　尺寸：高17—25cm，直径9.5—11cm

湖南陶瓷研究所精制，曾获轻工部大奖。在工艺设计上大胆创新，采用釉下复色釉，打破传统绘画构图思维，融入禅道，黑白分明，独树一帜。

釉下彩手绘青花杯

年代：1980年代　尺寸：高：13cm，直径：9cm

"湖南醴陵"款，釉下彩青花釉里红图案。杯形沿用中国传统青花手绘创作风格，朴实典雅，清新自然；杯身轻巧，瓷质精致。"艺术瑰宝，青花至尊"，釉下彩青花釉里红是中国独有的艺术品。

釉下五彩松鹰图花瓶

年代：1984 年　尺寸：高 45cm，直径 22.5cm

这是一只不寻常的釉下彩花瓶。在晶莹洁白的瓷胎上，一只振翅欲飞的老鹰赫然矗立在一棵苍劲松树的遒劲横枝上，用大写意国画笔法绘制。釉料是一种特殊的黑色氧化釉，由时任国务院副总理耿飚特别批示 601 军工厂提供。氧化釉数量极少，又是严控材料，所以使用时间短，现在已经绝迹不再使用。花瓶制作者是奠基恢复醴陵釉下五彩的老艺人、中国工艺美术大师孙根生。该花瓶是绝世佳品，见证、体现了醴陵釉下五彩瓷业的大国工匠精神。

釉下五彩荷花盖碗茶具

年代：1980年代　尺寸：高7.5cm，直径15cm

　　湖南陶瓷研究所精制。荷花是中华民族特别推崇的圣洁之花，北宋大学者周敦颐的《爱莲说》颂其"出淤泥而不染，濯清涟而不妖，中通外直，不蔓不枝，香远益清，亭亭净植，可远观而不可亵玩焉"。荷花还是佛教圣花，佛祖释迦牟尼的座席就是莲花之台。荷花茶具是一套珍贵而高雅的艺术品。

釉下五彩吉利图花瓶

年代:80年代　尺寸:壶高20cm,直径5cm

醴陵群力瓷厂为中南海精心制作的陈设艺术瓷。花瓶主题绘画为喜鹊登上荔枝头,喜鹊和荔枝都是中国传统文化里的吉祥象征。该对花瓶制作精美,洁亮温润;绘画精美,工笔带小写意一丝不苟,色彩艳丽。

釉下彩豆青釉描金雕刻脱胎菠萝花瓶

年代：1980年代　尺寸：高39.5cm，直径19cm

原国家副主席王震出访专用国礼瓷（俗称"王震瓷"）。湖南醴陵陶瓷研究所采用毛主席用瓷工艺创新精制，增加了脱胎描金、刻画工艺。底款增加了王震副主席的个人款识，这也是醴陵陶瓷业历史上党和国家领导人首次使用个人款识。该瓶由中国工艺美术大师唐锡怀亲自设计制作，从材料、工艺制作到设计、雕刻，都是超一流水平，确实是绝美的艺术珍品。

蓝彩观沧海人物挂盘

年代：1980年代　尺寸：高2.3cm，直径33.5cm

　　湖南陶瓷研究所精制，中国陶瓷工艺大师、中国工艺美术大师邓文科设计绘制的杰作，全国人大常委会国礼瓷。邓文科先生从事釉下彩绘创作、研究、制作达半个世纪之久，曾参加创作毛主席等党和国家领导人专用瓷，中南海、人民大会堂等国家重要机构场馆用瓷。该盘把曹操《观沧海》诗意的恢宏气势用蓝彩渲染得淋漓尽致，加上手书诗文，仿佛能带观者穿越千年时空，追寻不朽灵魂。

釉下五彩花卉小挂盘

年代：1980年代　尺寸：直径14cm

　　醴陵群力瓷厂集体创作精制。全套8只，绘画以牡丹、梅花、荷花等8种名贵花卉为主题，周边折沿饰以绿叶，叶尖向内似众星拱月，是钓鱼台国宾馆的悬挂陈设艺术瓷。钓鱼台国宾馆是党和国家领导人接待外宾、举办外交活动的重要场所。该套挂盘的艺术价值和收藏价值都非常出众。

釉下五彩八兔报喜挂盘

年代：1980年代　尺寸：高2.5cm，直径30cm

  湖南醴陵陶瓷研究所精制，中国陶瓷工艺大师、中国工艺美术大师邓文科的得意之作。"兔子飞奔报喜来，鼠应天机上下开。"绘画别出心裁地运用传统S形线条，粗细长短周转巧妙地勾勒出八只兔子，以紫红为主色表达喜事来临，充满了抽象意境。该套艺术瓷挂盘是邓文科超越传统、超越自我的杰作，见者有喜，藏者纳福，可传承千载，富贵万年。

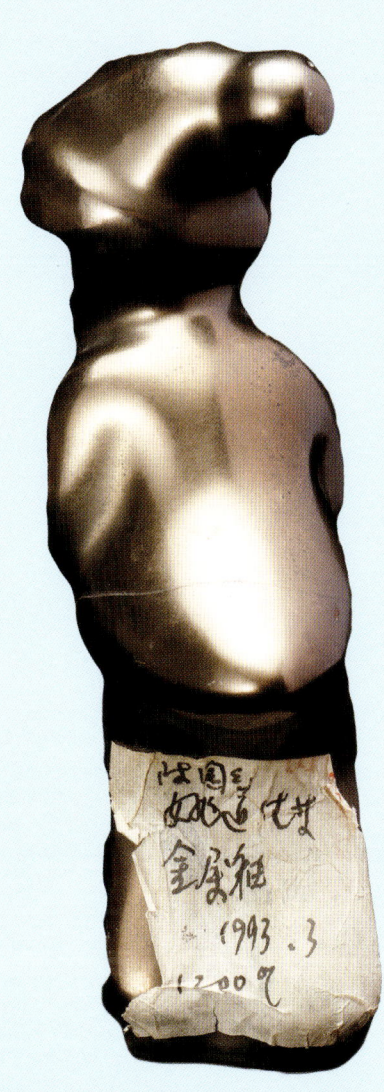

金属釉试制人物摆件

年代:1993年　尺寸:高12cm,直径5cm

醴陵窑的陶瓷艺术家和科研人员既重视传承,又锐意创新,保证了釉下五彩传统工艺能够长期发扬光大,推陈出新。金属釉摆件就是群力瓷厂以姚道光等为主的技术研发小组奋发进取、顽强拼搏,通过无数次科研试验成功烧制的,为釉下五彩瓷增添了一道新颖的色彩。

釉下五彩葡萄纹酒具

年代：1990年代　尺寸：壶高18cm，杯高4.5cm

湖南陶瓷研究所1990年代初精制。中国陶瓷艺术大师唐锡怀绘画，技法超群，他曾先后四次为人民大会堂设计制作专用瓷。葡萄花卉纹寓意多子多福、硕果累累。制作上采用国家"八五"科技成果、独具一格的自释釉工艺，即自身材料在烧结时自己释放出釉层。自释釉烧制后晶莹剔透，如玉如翠，温润光滑，工艺配方复杂，曾获国家发明专利，现已失传不可再生。大师之作，值得研究收藏。

釉下五彩大会堂白牡丹杯

年代：1990年代　尺寸：高12cm，直径12cm

  人民大会堂专用瓷，醴陵群力瓷厂经典杰作。白牡丹高贵典雅，侧腰有大会堂红款。该杯制作采用的是似玉非玉的强玉瓷（学名"强化瓷"）——高质瓷料中加镁铝等成分或采用镁质石粉、高长石粉作主要原料，再经1340℃的烈火烧制，使其重新结晶组合而磁化成的一种物质。其特点是瓷胎强度高、抗冲击，烧制变形小，不易碰破，经久耐用，抗腐蚀性强。瓷质细腻，白度柔和，透光性强，更易保温，更加环保。该杯是醴陵窑釉下五彩瓷中又一座艺术、科技高峰。

釉下五彩红色山茶花茶具

年代:1990年代　尺寸:高19cm,直径23cm

  醴陵群力瓷厂精制,以红色山茶花为主题,配以吉祥纹饰,描银色边线。该套茶具工艺精湛,高贵典雅,洁润瓷胎,亮丽通透,1998年被作为国礼赠送给美国总统克林顿先生,克林顿称这是他见过的最好、最高档的"咖啡具"。这是醴陵釉下彩瓷又一次超越自我、追求卓越的典范之作。

釉下五彩福寿山水花瓶

年代：现代　尺寸：高61cm，直径19.5cm

中国国家博物馆定制的陈设艺术瓷和外事国礼瓷。花瓶体形硕大，瓷胎洁净，大气亮丽；主题绘画以海中仙山、天外凤凰以及寿桃、葡萄、竹子、蜡梅等元素构成，动静相宜，幸福祥和，寓意福山寿海、多子多福、平安吉祥。

釉下五彩暗刻花卉大会堂餐具

年代：现代　尺寸：高 1.5cm—3cm，直径：11cm—33cm

醴陵国瓷振美瓷业有限公司为人民大会堂精心设计制造。该套件是不同时期的产品，但都是精益求精之作。瓷质洁白如玉、温润细腻、晶莹剔透，瓷声清脆。振美公司前身为醴陵市振美陶瓷工艺厂，2005 年改制为公司，多次参与制作国家用瓷的任务，是外交部国礼瓷、人民大会堂国宴及会议用瓷、湖南省委省政府等指定用瓷制作商。

釉下五彩月季花茶叶罐

年代：2006年　尺寸：高13.5 cm，直径13.5cm

中南海专用珍贵国瓷，按毛主席用瓷标准设计制作。艺术大师手绘月季花卉图，胎体玉洁、晶莹剔透、清新淡雅。该茶叶罐是中国陶瓷艺术的又一丰碑。

扁豆双禽巴拿马瓶

年代：1911年　尺寸：高49.8cm，宽：23cm

　　湖南瓷业公司1911年（清宣统三年）的经典之作，集中体现了釉下五彩瓷的神秘色调和独特神韵。色釉熔融于胎釉之中，花纹透过釉层溢于瓷表，尽显玲珑剔透、晶莹润泽之美，洁白度、透明度和釉面硬度均无与伦比。瓶体洁白如玉，造型宛如凤尾，线条流畅，高贵典雅；构图、花色均生动自然，栩栩如生，闪烁着"看得见，摸不着，永不褪色"的神秘感，达到了"薄如纸、白如玉、明如镜、声如磬"的最高境界，被誉为"东方陶瓷艺术的高峰"。1913年，熊希龄亲呈慈禧太后御览，被赏以金牌；1915年，又在旧金山"巴拿马-太平洋万国博览会"上获得最高荣誉及金牌奖章。此后，该瓶被称为"巴拿马瓶"，其形也被称为"巴拿马器形"。

釉下五彩纪念毛主席 115 周年诞辰茶具套瓷

年代：2008 年　尺寸：高 5—9cm

　　2008 年，毛主席女儿李讷和女婿王景清亲赴湖南醴陵，安排设计毛主席诞辰 115 周年纪念瓷。图案采用毛主席用瓷花卉月季花、芙蓉花、菊花、梅花等四季双面花，材料工艺与毛主席用瓷一致，重现了当年毛主席用瓷的风采。这套茶具是毛主席亲人敬制的纪念瓷，有题有款，尤为珍贵，值得收藏。

釉下五彩红梅胜利杯

年代：2006年　尺寸：高13cm，直径12cm

　　2006年9月，中国国家博物馆为纪念毛主席逝世30周年，特制出品醴陵红官窑限量毛瓷套杯，工艺、制作、材料、绘画都沿用1974年毛主席用瓷标准，再现毛瓷风采，难能可贵，是国家博物馆收藏陈设及外事活动用瓷。这也是醴陵群力瓷厂改制成立红官窑股份公司过渡期最后一次制作毛瓷，是红官窑瓷业的一次艺术突破，堪称绝版毛瓷，价值巨大，深受陶瓷行业界和收藏家的追捧。

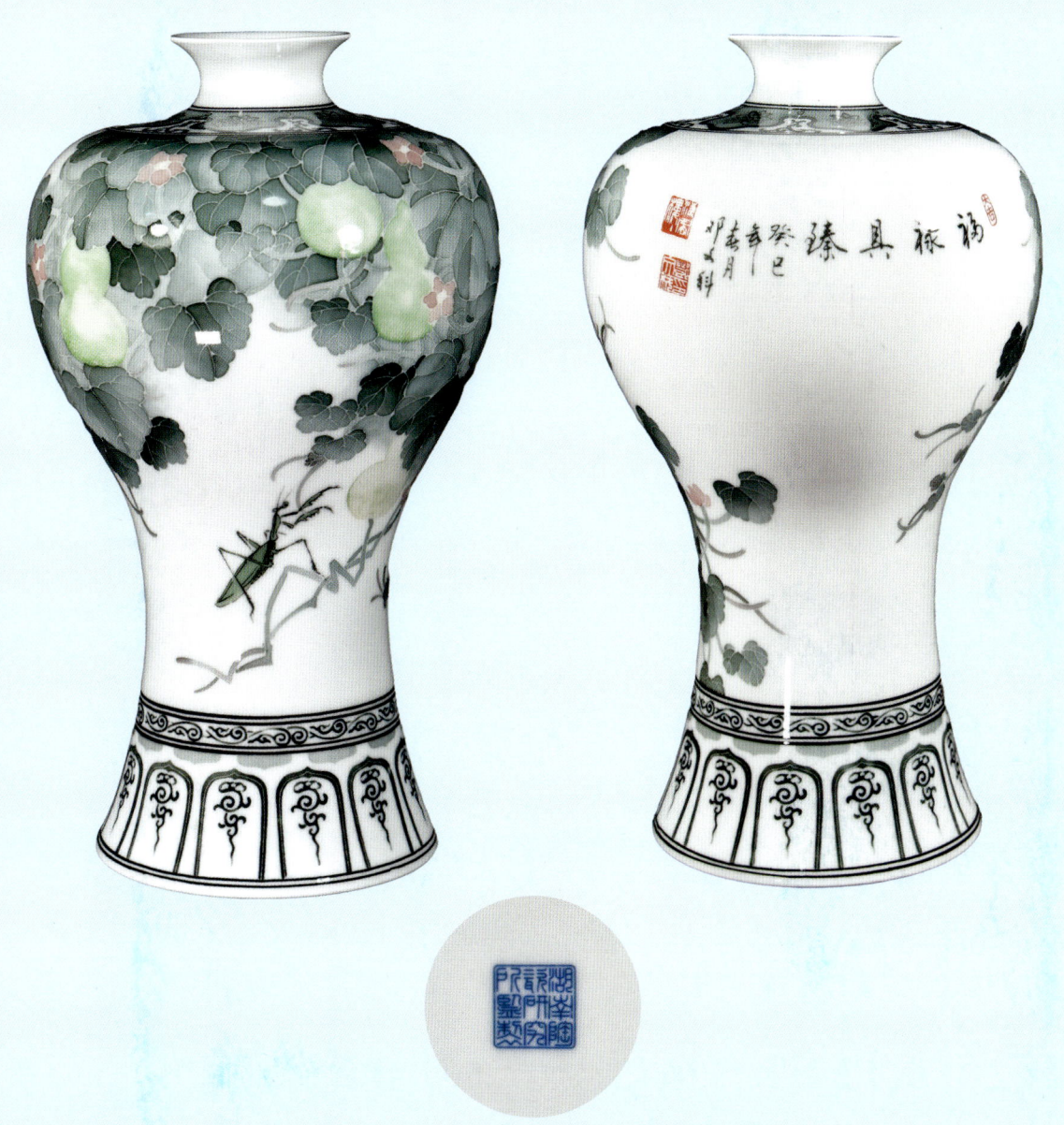

釉下五彩福禄俱臻梅瓶

年代：2013年　尺寸：高41cm，直径21cm

湖南陶瓷研究所监制，邓文科大师80岁高龄时的又一座艺术创作高峰。梅瓶精绘葫芦花卉，祥云绕足，螳螂仰望，寓意家庭兴旺、福禄双全。

釉下五彩玉兰花茶具套件

年代：2010年 尺寸：高 11—17cm

上海世博会（2010年5月—10月）事务协调局定制。该套茶具以上海市市花——玉兰花为主题，倡导世界和平和生态文明，反映共同发展进步之理念。

五彩龙凤朝阳双瓶

年代：2011年　尺寸：高57cm，直径27cm

中国陶瓷艺术大师顾澄清的艺术瓷器代表作。顾澄清16岁开始涉足陶瓷艺术，功底深厚、技艺精湛，是毛主席等党和国家领导人、中南海等重要机构专用瓷绘的主要创作者。该对花瓶一为金龙献瑞，一为凤凰朝阳，均有背面题诗。两瓶构图繁谨，寓意深远，色彩明快，绘制精美，非常珍贵。

釉下彩中国红奥运福娃玉壶春瓶

年代：现代　尺寸：高 35.5cm，直径 19cm

第二十九届奥林匹克组织委员会授权制造。该瓶运用毛瓷制作工艺标准的同时，锐意创新，经过"素烧、釉烧、红烧、金烧"四次入窑，用1450℃高温煅烧，贴12K足金金花纸烧结而成。以工艺之繁、技术之难、耗费之贵、艺术之精，成为醴陵釉下彩瓷的高峰之作。

釉下五彩政协纪念瓷盘

年代：当代　尺寸：高 2cm，直径 25.5cm

湖南群力瓷厂制作，辽宁省本溪市政协2008—2012年纪念瓷盘。盘底中上方为政协会徽，下边是本溪象征"平顶山"雄姿及地标性建筑。周边绘以建国大典、民族大团结、三峡工程、香港回归、2008年北京奥运鸟巢、神舟九号发射等场景，充分展示了政协参政议政的职能和成就，表现了家国情怀、荣辱与共的光荣与自豪。

釉下五彩竹报平安花鸟花瓶

年代：2010年　尺寸：高51cm，直径25cm

  设计制作者黄小玲，中国陶瓷艺术大师，享受国务院特殊津贴。该花瓶釉下五彩装饰工艺技法娴熟，工笔画技法承古创新，设计、构图博采众长、融会贯通，独树一帜，代表了新时代中国陶瓷艺术最高水平。黄小玲作品多次获得市、省、国家级大奖，海内外重要机构和艺术场馆多有收藏。

釉下五彩牡丹花卉瓷挂盘

年代：当代　尺寸：高3cm，直径33cm

  国家一级美术师、中国美术家协会会员、深圳市政协书画院副院长、中国残疾人醴陵陶瓷艺术研究院名誉院长张道新作品。该盘采用优质瓷泥制作，工笔蓝牡丹花卉，层层渲染，笔法绵密细致，形态神韵生动，"取神得形，以线立形，以形达意"。整体风格清新脱俗，飘逸华丽，具有浓郁的民族色彩和审美意趣，适合观赏和收藏。

釉下五彩鸳鸯戏水挂盘

年代：1984年　尺寸：直径33.5cm

　　湖南醴陵陶瓷博览会组委会监制，醴陵四德窑五彩国瓷有限公司荣誉出品，国宝级陶瓷艺术大师、毛瓷及国家礼品瓷的主要创作者顾澄清倾世佳作。

　　该盘精炼优质瓷泥制作，精雕细琢，精心设计绘画；瓷质洁白如玉，晶莹剔透，银光如镜，轻薄似纸。鸳鸯戏水是中华民族的传统吉祥图案，"止则相耦、飞则成双"，寓意相亲相爱，纯洁坚贞。该盘代表1980年代党和国家领导人赠送外国元首的国瓷风范，承载着厚重的历史沧桑，不愧传世经典之誉。

釉下五彩毛瓷书房四宝

年代：2011年　尺寸：高3.5—15cm

2011年中国军事博物馆定制的毛泽东主席诞辰118周年纪念用瓷，含笔筒、茶杯、茶叶罐、烟灰缸等书房四宝，湖南陶瓷研究所制作。工艺采用1974年毛瓷标准，绘画由中国陶瓷艺术大师顾澄清执笔创作，牡丹画面是顾大师的封笔之作。该套毛瓷创造性地运用了白釉暗纹和透雕技术，精益求精，晶莹剔透，清新雅丽，完美无瑕，是红色官窑釉下五彩的又一旷世绝作。

釉下五彩瓷魂凤尾尊

年代：2005年　尺寸：高40cm，直径17cm

湖南省陶瓷研究所成立50周年暨改制设立湖南湘瓷科艺股份有限公司5周年纪念瓷器，原全国人大常委会副委员长、中央政治局委员李铁映的工艺美术佳作。李铁映，号紫竹、玄石，在工艺、书画、雕塑等领域颇有建树，独创了"铁映十八式紫砂"；特别是"铁笔刀书"，开辟了陶瓷设计雕刻的新境界。

该尊正面绘制紫藤花卉贯穿整器，清新高雅，浓淡相宜，线条流畅，笔法娴熟；背面手书"瓷魂"及名款。该瓷反映了党和国家领导人对中国陶瓷艺术发展的亲切关怀，以及对大力弘扬民族艺术和民族精神的高度重视，政治经济、文化艺术、历史烟云集于一身，珍贵无比。

釉下五彩王者之香图挂盘

年代：现代　尺寸：高 3.5 cm，直径 33cm

　　韩天衡先生倾心之作。兰花在中国已有两千多年的栽培历史，其叶修长，其花芬芳，质朴宁静、高洁典雅的品质已成为中华民族精神的重要组成部分，有"国兰"、"王者之香"之誉。该挂盘制作精美，代表了作者一生的艺术追求。

釉下彩醴陵印象古巷瓷版画

年代：现代　尺寸：高53cm，宽47cm

中国陶瓷艺术大师、湖南省工艺美术大师刘仕园之作。该件瓷版画运用传统水墨大写意表现古巷风貌，独辟蹊径，承古创今，典雅沉稳，心灵与画面语言完美结合，堪称瓷版画典范。

釉下彩红地云龙花瓶

年代：现代　尺寸：高 51.5cm，直径 19cm

湖南醴陵国瓷瓷厂大师精品。瓶体采用极品高岭土制作，瓷质清脆悦耳，瓷面光滑莹亮，制作精良。画工精美，浓笔重彩，技法老辣，极具观赏价值，是珍贵的红色官窑国礼艺术藏品。

釉下五彩调色盘

年代：现代　尺寸：高 2cm，直径 23cm

湖南湘瓷科艺股份有限公司制作。该盘经无数次调色试色烧制方能达到各色系标准要求，是公司不断提高技术、改进工艺、精益求精的有力见证，充分体现了大国工匠精神。

釉下五彩和谐福贵玉壶春对瓶

年代：2012年　尺寸：高31cm，直径8.5cm

湖南省陶瓷艺术大师、国家非文化遗产物质传承人周爱平、熊玉兰两位艺术家联袂设计创作，湖南省陶瓷行业协会监制，湖南醴陵四德五彩国瓷有限公司精心制作。正面牡丹花由周爱平主笔，荷花由熊玉兰主笔。工笔画一丝不苟，线条流畅，构图新颖，色彩清新，典雅大方。背面书法字与牡丹、荷花主题相得益彰。对瓶尽显女性细腻妩媚，堪称国宝藏品。

永远的红军

——纪念创建大别山革命根据地的三次武装起义纪念瓷盘

年代：2019年　尺寸：高3cm，直径31cm

于若木慈善基金会、《祖国》杂志社监制，湖南醴陵洪江瓷厂精制。1927年9月至1929年11月，中国共产党在大别山地区组织领导了湖北黄麻、河南商南、安徽六霍等三次武装起义，创建了鄂豫皖革命根据地，诞生了红四方面军、红二十五军和红二十八军。这三支革命武装力量是中国工农红军的重要组成部分，是组建八路军129师、新四军四支队的主要力量，是中国人民解放军的红色基因。2019年11月初，"永远的红军——纪念创建鄂豫皖革命根据地的三次武装起义（黄麻、商南、六霍）"系列活动在北京隆重举行。

于若木，民国初年山东省教育家于丹绂先生之女、陈云同志的夫人，祖籍山东淄博，1919年4月生于济南。1935年16岁时参加"一二·九"学生运动，1936年加入中国共产党，1937年10月奔赴延安参加抗日。新中国成立后，历任国家科委政策研究室干部、中国科学院植物园党总支书记兼副主任、中共中央书记处研究室科技组顾问，第五至七届全国政协委员。

附录一

湖南醴陵釉下彩瓷简介

资料来源：360百科

釉下彩瓷是一种传统的陶瓷装饰艺术，产自湖南醴陵。2008年，"醴陵釉下五彩瓷烧制技艺"入选"第二批国家级非物质文化遗产名录"。

瓷城醴陵，是湖南省东部的一个大县镇，交通便利，水陆相连，制瓷原料丰富，土质优良，具有发展瓷业的天然优厚条件。据《醴陵县志》记载，从18世纪初（清雍正七年）开始烧造瓷器，发展到20世纪（光绪年间）的最盛时期，全县有瓷厂480多家，窑户主要分布在东北二乡，形成了以东乡沩山为中心的醴陵瓷区。然而，从1729年（雍正己酉）到1906年（光绪丙午）的178年间，这些瓷厂均只能烧造粗瓷，其产品是以碗为大宗的釉下青花器。

早在公元8世纪的中唐时期，湖南长沙铜官窑已首创了高温釉下彩绘的新技术。考古研究表明，当时有在白釉下画绿彩的，有在黄釉下画褐彩的，有在青釉下画褐绿彩的，还有在青黄釉下画褐、赭、绿三色的。图案纹饰大量使用花鸟、走兽、人物等题材，直接以绘画的手法来美化瓷器。这在我国陶瓷史上是个先例，在装饰技法上也是一项新的发展。在长沙窑的影响下，宋代著名的磁州窑和其他北方民窑中的黑褐彩绘，以及元、明、清的青花、釉里红等釉下装饰工艺都发展起来，并为釉上彩绘开辟了道路。

醴陵釉下彩瓷就是在上述基础上再加创新发展，逐渐演变为多色的釉下彩绘。它的出现，突破了千百年来由唐代长沙窑创制的釉下单一彩瓷，以及元代景德镇青花、釉里红单色彩绘之风貌，而使釉下彩瓷进入了一个五彩缤纷的世界。

釉下五彩这一装饰工艺的创始，正好在醴陵瓷业由粗到细的转折点，也就是说，它是随着醴陵细瓷的烧造成功而出现的。

20世纪初叶，湖南凤凰县人熊希龄鉴于两个世纪以来粗瓷生产的落后状况，为了抵制洋瓷的侵入，有志振兴湖南瓷业。于是，他以出洋考察政治大臣的二等参赞官身份东游日本，探索新的制瓷工艺。回湘后，又与醴陵县人文俊铎等人共赴醴陵沩山等地进行实地考察，总结了当时危及粗瓷业生产的九个问题，弄清了发展醴陵瓷业的有利条件，提出了"一立堂、二设公司"。1905年，熊希龄呈文禀请湖广总督端方要求设立瓷业公司，得到端方的赞助，于1906年在醴陵城北姜湾创立官办湖南醴陵瓷业学堂。学堂设陶画、辘轳、模型三科，分永久、速成（6个月1期）两班讲授。除本省师资外，还大量聘请江西景德镇的制瓷技师及日本技师安田乙吉、大凡理吉等为教员。学习内容以专业为主，兼学文化。接着熊希龄又招商集股，在瓷业学堂前购地建厂，配置机器，组织制瓷工厂，成立湖南第一家官办瓷业公司，定名为"官办湖南瓷业有限公司"，并亲自担任第一任总经理。他把上等瓷器作为制作目标，引进人才、改良工艺，促成了醴陵多种金属氧化物的高火性釉下彩瓷颜料的研制，创造了釉下五彩瓷：先用墨勾线，然后用桃红、海碧、金茶等几十种釉下颜料，采用平混、接色、深浅、罩色等分水技法彩绘于坯上，罩釉高温烧成，烧后墨迹挥发，而呈现白线彩色花纹。当时他们生产的很多新式瓷器被选为皇宫装饰品。从此以后，醴陵瓷业遂由乡村发展到城镇，由粗瓷发展到细瓷生产。

釉下五彩这一装饰工艺正是在醴陵瓷业由粗到细的转折点上，随着醴陵细瓷的烧造成功而创造出来。开始色料都是从日本输入，1907年以后，才正式使用自己制造的颜料。尽管当时的色料品种有限，色泽也不够鲜艳，但在百多年前就能利用各种金属氧化物制成高火性的瓷用釉下颜料，并在颜料品种不多的情况下使釉下装饰效果呈现出五彩缤纷的面貌，也很难能可贵。

1909—1915年，醴陵釉下五彩瓷以其质地精良、润泽清雅、色彩丰腴、艳而不俗的艺术特色，先后获武汉劝业会一等金质奖、南洋劝业会一等金奖、意大利博览会最优奖、巴拿马太平洋万国博览会金牌奖。至此，醴陵釉下五彩瓷蜚声海内外。

醴陵瓷器画面五彩缤纷，犹如罩上一层透亮的玻璃纱，色彩显得格外清新、柔和、明亮。釉下彩的釉是一种很坚硬的玻璃质，它保护着画面，耐磨擦、耐高温、耐酸碱腐蚀，能始终保持原来色彩。

釉下彩瓷选用特优胎、釉原料和稀土、有色金属矿物研制的色料，以精湛的手工装饰技艺，彩饰于胎釉之间，用1400℃左右的高温烧炼，使色料融于胎釉之中，花纹透过釉层溢于瓷表，晶莹润泽，具有很高的洁白度、透明度和釉面硬度，产品造型优美、高贵典雅。画面装饰博采万物，色彩绚丽，栩栩如生，享有"看得见，摸不着，永不褪色"的神奇美誉，真正达到了薄如纸、白如玉、明如镜、声如磬的最高境界。另外，还具有釉上贴花、粉彩、喷彩等瓷器不可比拟的优点，不含任何铅、镉等有害物质，耐酸碱，适合人类对生存环境和饮食餐具的严格要求，实属环保瓷、健康瓷。

  1956年，湖南省工业厅瓷器工业公司陶瓷研究所聘请名师，传授技艺，使停产25年之久的釉下五彩瓷得以恢复发展。1959年国庆十周年，醴陵釉下五彩瓷器被选为首都十大建筑中军事博物馆、民族文化宫和工人体育馆用瓷，人民大会堂主席台用的胜利杯也是醴陵烧制的。1964年国庆十五周年，醴陵又成批精制出具有国内先进水平的国宴餐具和国家礼品瓷。尔后，毛主席专用餐具、天安门城楼用瓷、中南海和钓鱼台国宾馆用瓷都指定由醴陵生产。醴陵釉下五彩瓷已成为湖南陶瓷的象征。人们通常所说的醴陵釉下彩瓷，就是指釉下五彩瓷器。

  近年来，全国各产瓷区也先后开始烧造釉下彩瓷，釉下装饰成为瓷器的主要工艺之一，得到了国内外的欢迎。釉下装饰艺术是我国瓷器艺术百花苑中的一枝异花奇葩，它集胎质美、釉色美、工艺美、形体美、彩饰美于一体，具有高度的美学价值和文化意义。

附录二

醴陵釉下彩瓷业从业见闻

李维善

醴陵是毛主席早期从事革命活动的地方,也是我国瓷器工业的重要基地之一。史载,醴陵瓷业始于清朝雍正七年(公元1729年),至今已有250多年的历史。20世纪之前主要生产粗瓷,清末开始生产少量细瓷,其中以釉下彩艺术驰名中外。

一、醴陵瓷业在新中国重生

解放前,由于封建政府腐败官僚的压榨和剥削以及帝国主义的挤压,醴陵瓷器产业受到严重摧残。到国民党统治时期,作坊倒闭,技艺失传,工人失业,醴陵瓷业濒临绝境。

当时,陶瓷生产全靠手工,天阳雨月,市场旺淡,都会造成从业者短期歇业,生活处境艰难。如黄瓜上市季节,正是青黄不接之时,货品滞销,多数窑厂就要减少雇工,导致部分陶瓷工人失业,所以民间称这个时节为"黄瓜瘟"。到了秋天,天气晴朗,五谷丰登,正是瓷货销场的旺季。醴陵陶瓷工人起早贪黑,晚上点燃桐油灯,在豆粒大的灯光下,拼命做坯,被称为"夜打登州"。陶瓷工人把这种生活窘况编成顺口溜和打油诗,一首顺口溜说:

正月欢欢喜,二月有得米;三月餐半餐,四月难过关;

五月没奈何,六月望盼禾;七月换来谷,八月饿得哭;

重阳夜战来,十月又难换;入冬小阳春,三九更难经;

一年做到头,陶工难抬头;有福不用忙,无福跑断肠!

新中国成立后,在党和政府的正确领导和积极扶持下,国家投资达350万元,醴陵瓷业生产得到了迅速恢复和发展。到1952年,醴陵瓷业先后恢复了大小瓷厂360户,90%以上的瓷厂与国营公司签订了瓷器产品收购合同。1953年,第一个五年计划建设开始,醴陵陶瓷业也迈开了重点建设步伐,国际投资者在阳三石兴建地方国营醴陵瓷厂。同时,国家对瓷器产品实行统购包销,使醴陵瓷业逐步走向了计划生产的轨道。截至1976年,拥有湖南省属日用出口瓷厂五个(国光、星火、群力、永胜、力生），内销瓷厂一个（新民），省属工业电瓷厂两个（醴陵陶瓷厂、绿江陶瓷厂），还有瓷坭矿陶瓷研究所、陶瓷机械厂；拥有县属瓷厂两个（全胜、建中），社陶瓷企业109个（社办33个，队办76个）。全省瓷业职工有15000余人，日用品总产量达12552万件，其中出口瓷为6754万件，产品畅销八十多个国家和地区。工业电瓷也有部分品种出口。

二、公私合营时期的醴陵瓷业

1954年，县委决定抽调我和郑风龙牵头，连同史家明、杨培、宋均峯等同志负责全城的瓷业工作。在刘祥记瓷厂的基础上，在县政府工作组的重点指导支持和各方面的积极配合下，1954年10月1日，醴陵县人民政府正式批准成立醴陵瓷业第一个公私合营企业，命名为公私合营醴陵建设瓷厂（试点厂）。刘伯祥为经理，吴锦为副经理，其他从业人员仍留原工作岗位，影响很大。

随后，醴陵陶瓷业通过全行业公私合营，基本消灭了生产资料私有制，形成了从原料开采加工一直到彩绘包装的完整生产体系。全体瓷业工人发挥主人翁精神，很快改变了醴陵陶瓷业面貌。1957年产量高达60万担，较解放前历史最高年产量增长一倍，较1948年增长六倍；产品质量也有显著提高，在继承和恢复了祖国遗产的基础上，增加了大量的新花彩绘。

1956年起，新厂就承担了国家出口瓷生产任务，两年内完成了22000箱。1958年11月29日，华新瓷厂陶画一二厂合并，组成醴陵第一出口瓷厂，公私合营就此完成了历史使命。

三、我在群力瓷厂的二十四年

1957年，我被调到黄坭场（现国光厂）筹建醴陵第一个出口瓷厂。恰逢国光厂处在经济困难时期，碰到很多实际问题，只好由建设瓷厂、陶画一二厂、华新瓷厂等单位组成一支百余人的基建队伍，夜以继日地开发土方。当时基建工具极端简陋落后，只能手扛肩挑和土车运输。基建原材料供应上也困难重重，红砖要自己烧制；生活上只有红萝卜、马齿苋等三鲜汤。但是，由于有党的坚强领导和基建骨干的模范带头作用，广大干部工人以惊人的毅力和勇气，克服了工作上、生活上的极度艰辛，在一年多的时间里完成了第一个出口瓷厂的成型彩绘门炉和部分设施的安装工作。

1959年第二季度，公司指示要新厂迅速投入生产，我又被调到第一出口瓷厂任生产厂长，以边基建、边生产的方式投入到紧张的生产、营运中。

　　我本想为陶瓷出口事业服务终身，岂知坎坷厄运不期而至，我被推上了斗争的舞台……云开雾散总有时，1961年，我被调到公司机关后勤部门任福利科科长。为迎接1964年中华人民共和国建国十五周年，国家交给公司所属艺术瓷厂（现在的群力瓷厂）一项具有政治意义的任务——生产人大用瓷。1963年第四季度，公司党委动员我去艺术瓷厂，并赴京接受生产人大瓷的光荣任务。我深感这是党和国家对艺术瓷厂的支持和信任，也是对我个人的信任和重托。我决心用自己的能力为党和国家服务，为社会主义建设服务。我重返陶瓷生产第一线，暗暗勉励自己要刻苦钻研陶瓷技术，为陶瓷行业做一辈子孺子牛！就这样一干就是十几年。

　　十一届三中全会之后，醴陵瓷业乘着改革开放的东风，焕发了青春和活力，群力瓷厂的产品被国内27个省市区的宾馆酒店广泛采用，对外则远销几十个国家和地区，年产量增加到了600多万件，一直处于供不应求的状态。

附录三

红官窑：五彩国瓷，国宾礼品

资料来源：李伟善、中国企业新闻网

以湖南瓷业有限公司（红官窑前身）为代表的醴陵釉下彩瓷自从"扁豆双禽瓶"在巴拿马万国博览会（世博会前身）上与国酒茅台同获金牌，获誉"东方陶瓷艺术的高峰"，醴陵釉下彩瓷便以"国瓷"之尊成为馈赠外国政要及国际友人的国礼专用瓷，打开了中外交流的一扇窗口。数十年来，出品不断，堪称"国瓷国礼"第一窑。

醴陵釉下彩瓷是陶瓷艺苑中的一朵奇葩。群力瓷厂作为生产釉下彩瓷的专厂，早已得到广泛肯定和欢迎，获得了无数荣誉，重要工作如：

1. 1959年，群力瓷厂为首都十大建筑中的军事博物馆、民族文化宫、工人体育馆生产釉下彩瓷三万多件。失传二十多年的醴陵釉下彩又重吐芬芳、再放光芒！

2. 1964年，群力瓷厂再次承担人民大会堂专用釉下彩瓷生产供应任务，参与筹备国庆十五周年国宴工作。自此以后，人民大会堂一直使用醴陵釉下彩瓷。尔后，天安门城楼、中南海、钓鱼台国宾馆、京西宾馆等国家重要场所都向群力订制釉下餐茶具和陈设瓷。另外，群力还为朝鲜人民领袖金日成、柬埔寨西哈努克亲王、美国总统尼克松生产礼品瓷。

3. 1964年11月6日，国务院机关事务管理局邀请群力瓷厂代表到人民大会堂三楼小会议厅参加有毛泽东、刘少奇、朱德、董必武等党和国家领导人出席的文艺晚会，充分体现党和国家对醴陵瓷业工人，特别是试制和生产国宴瓷的全体职工的关爱，这也是令他们终生难忘的最高荣誉。

4. 1966年2月，群力瓷厂生产五头卫生文具5套、52头凤尾粗竹西餐具5套，作为国家礼品瓷，特供苏联、意大利、瑞典、科威特、阿根廷、阿尔及利亚等国领导人。同年，又选送36头芭蕉金边餐具1套和36头梅竹金边餐具1套赴日参加会议。其间，还为联合国大厅以及扎伊尔、刚果、南也门、佛得角等六国总统府、人民宫制作多批釉下餐具和艺术品等用瓷。

5. 1971年，我国恢复联合国席位，群力瓷厂再度被委以重任——生产联合国用瓷。饰以梅竹的釉下彩花，青竹玉立、红梅吐艳、春意盎然地飘逸于联合国大厦，中国瓷器又一次蜚声国际。

6. 1972年7月，湖南省委接待处向群力瓷厂定制1210件大小碗和各种盘类产品，全部釉下装饰，一律带盖。同年8月底完成任务。

7. 1974年11月4日，湖南省委书记张平化亲自安排省工交办给群力瓷厂下达为毛主席定制40件薄胎碗的任务，内外均有釉下花装饰；后又追加盖杯40件。

8. 1978年10月，邓小平应邀访问日本，向日本裕仁天皇赠送醴陵釉下彩瓷"松鹤延年"文具，成为中日恢复邦交后关系不断发展的重要见证。

9. 1984年5月，胡耀邦总书记在宴请德国社会民主党主席勃兰特时，将群力瓷厂生产的满花国宴餐具向客人做了介绍。

10. 1984年7月，中国对外建筑公司向群力瓷厂定制一批红梅孔雀花瓶，赠送给刚果民主共和国作为人民宫专用瓷。

11. 1986年，中央批准人民大会堂118厅（政治局常委会议场所）使用群力瓷厂的釉下满花餐具，4月20日完成任务。

12. 1986年5月，中国对外经济贸易部部长郑拓彬率团出访英法等国时，受邓小平同志委托，将醴陵釉下彩瓷鸳鸯戏水挂盘作为礼品赠送给英国首相撒切尔夫人和法国总统密特朗先生及总理希拉克先生。

13. 1986年10月，英国女王伊丽莎白二世访问我国，邓小平向其赠送红官窑"鹅潭夜月"礼品挂盘作为中英两国友谊的见证。

14. 1998年6—7月，克林顿总统访华，江泽民主席向其赠送醴陵釉下彩瓷"红山茶"咖啡具作为礼品。

15. 2004年8月26日，在希腊雅典，由"从长城到奥林匹亚"组委会主办的"创意中国与奥运主题摄影展"开幕式上，国际奥委会文化及奥林匹克教育委员会主席何振梁向国际奥委会终身名誉主席萨马兰奇和雅典市代表，分别赠送了一件醴陵釉下彩瓷"扁豆双禽瓶"，"扁豆双禽瓶"因此获得"世界和瓶"的美誉。

16. 2008年8月8日，厦门奥林匹克博物馆将一套醴陵釉下彩奥运瓷"梅兰竹菊四君子"花瓶赠给国际奥委会终身名誉主席萨马兰奇先生。同时，将醴陵釉下彩瓷奥运瓷"五福迎祥"花瓶作为礼物，赠给国际奥委会主席罗格先生。

17. 2010年4月，湖南省委常委、长沙市委书记陈润儿赠送"湖南名片"——"世博瓷·大国华彩瓶"给时任台湾国民党主席吴伯雄。

18. 2010年8月，湖南省贸易促进委员会会长李沛将世博瓷·春满人间瓶和喜迎世博玉壶春瓶作为国礼分别赠送给美国馆、沙特馆永久收藏。

19. 2010年11月13日，国际奥委会主席罗格一行参加南沙奥林匹克广场揭幕仪式，接受中国奥委会赠予的醴陵釉下彩瓷欢乐羊城滴水瓶。广州市委书记张广宁赠送醴陵釉下"亚运瓷·五羊送福巴拿马瓶"给亚奥理事会主席艾哈迈德·法赫德·萨巴赫亲王永久收藏。

附录四

醴陵釉下彩瓷业重要人物简介

资料来源：李伟善、中国企业新闻网

熊希龄(1870—1937)，字秉三，别号明志阁主人、双清居士。湖南湘西凤凰人，祖籍江西丰城石滩。曾任北洋政府第四任国务总理，民国时期政治家、教育家、社会活动家、实业家和慈善家。1904年，他胸怀实业救国之志，为改变陶瓷生产的落后状况，抵制洋瓷倾销，决心振兴湖南瓷业。于是以清政府政治大臣二等参赞官身份，会同醴陵籍举人文俊铎赴日本考察，探索新的制瓷工艺。回国后便着手对醴陵瓷业进行调研。提出了"立学堂，设公司，择地，均利"的主张。不久获得清政府慈禧太后御批十万两库银用于发展醴陵瓷业。1906年，熊希龄在醴陵城北姜湾创办了"湖南官立瓷业学堂"，在姜岭下设立了"湖南瓷业制造公司"，自任公司总经理，聘请日本技师和国内优秀技工，引进当时国外最先进的生产工艺和设备，着手进行细瓷研发。到清末，醴陵细瓷进入规模化生产，为醴陵釉下五彩瓷的诞生创造了条件。1907年，湖南瓷业公司发明创造了五种高火性釉下颜料，并成功烧制出釉下五彩瓷器。1907年至1908年，湖南瓷业学堂研制出草青、海碧、艳黑、赭色和玛瑙红等多种釉下颜料。湖南瓷业制造公司的绘画名师和瓷业学堂陶画班的毕业生，经过反复研制，采用自制釉下色料，运用国画双勾分水填色和"三烧制"法，生产出令人耳目一新的釉下五彩瓷器。在色彩运用上，它突破釉下单彩的传统技艺，运用红、绿、蓝、黄、黑五种原色料(故谓"五彩")，调配出丰富多彩的陶瓷绘画色料，讲究淡雅用色的表现手法，采用双勾分水的独特技法烧制而成。醴陵釉下五彩瓷问世不久，就在世界舞台上大放异彩。1909年到1911年间，醴陵釉下五彩瓷先后参展武汉劝业会、南洋劝业会和意大利都朗国际赛会，连获金牌奖。1915年的美国旧金山世博会，即巴拿马太平洋万国博览会，由湖南瓷业公司吴寿祺等陶瓷艺人创作的釉下五彩《扁豆双禽瓶》一举获得金奖。

吴寿祺（1889—1975），又名官输，醴陵市八步桥人，中国釉下五彩瓷艺术的一代宗师，鞠躬尽瘁的艺术家、教育家。清光绪三十二年（1906）毕业于湖南瓷业学堂，后长期从事釉下彩绘，1954年被醴陵艺术工作者联合会和工商联合会聘为陶瓷业务美术训练班专职教师；1953年调入醴陵陶瓷研究所任陶瓷技术师，培训釉下彩技艺人员300多名，参与研究试验，并于1955年10月烧制出已失传20多年的釉下彩瓷。与艺术陶（今群力瓷厂）配合，为毛主席、周总理等党和国家领导人，为人民大会堂、中国军事博物馆等国家场所，以及国庆十周年、十五周年等国家大典，绘制、设计、生产专用瓷、礼品瓷等。1961年送广交会展览的15个釉下彩产品被誉为"真、纯、美"佳品。创制万花瓶、六角回、古罗钱、铁线描折等技术，别具特色，为醴陵成为新中国红色国瓷、国家地理标志、出口艺术瓷奠定坚实基础，为恢复和发展釉下彩瓷这一艺术瑰宝做出了重大贡献。1956年被评为县甲等劳动模范、省劳动模范，出席全国老艺人会议，受到朱德等党和国家领导人接见。曾任县第二、第三、第四届政协委员，当选县第四、第五届人民代表，省第二、第三届人民代表。1963年任湖南省文联委员、中国美术家协会会员。

孙根生（1915—2000），孙氏陶瓷世家第二代传人，祖籍江西丰城人，1941年投靠叔父孙耀先学习陶瓷绘画。原工作于醴陵群力瓷厂，尤擅长工笔花鸟、走兽的创作，曾于1981年为庆祝中国女排首次获得世界冠军参与创作《雄狮》花瓶，作为赠送给中国女排的礼品瓷，受到广泛的赞誉。与因设计"毛瓷"红月季花面而名声大著的高级工艺美术大师李人中的老师邓元襄同为建国后醴陵瓷业的首批彩绘艺人。其绘画风格洒脱、自如，所绘松叶鹤羽一丝不苟，松针两根一组，平行画出；特别是松树树干粗犷、苍劲，画面意境厚重，艺术感染力极强。为丰富釉下彩瓷的绘画色彩，与邓元襄、谢鸿杰等一起不断测试摸索不同颜料在高温条件下的发色效果，相继发现了釉下海蓝、釉下桃红等颜料，研制了醴陵陶瓷装饰颜料氧化釉。其作品为多个博物馆收藏。在当地陶瓷圈与孙细跟、孙新水被誉为醴陵陶瓷"三孙"。

李维善（1929—2009），解放初期在醴陵县财政、财经委工作，1954年主管醴陵县全城瓷业工作。1958年调任醴陵陶瓷研究所所长，1982年离任。

在任 24 年间，主持完成科研成果 50 多项，坚持科研与生产相结合，为湖南及全国各陶瓷产区培养各类技术人员上千人，为越南培养技术人员 50 多名。主持编写《醴陵陶瓷原料志》《醴陵陶瓷原料历代配方及使用情况简介》《国外日用陶瓷器设计资料选编》等重要教材，多次组织全所人员为毛主席、周总理等党和国家领导人制作专用瓷。其中，毛主席"胜利杯"就是李维善亲自选定命名并沿用至今，是"三场馆"、人民大会堂等国家场馆用瓷的主要设计制作人。他曾任醴陵瓷业总公司总工程师、湖南省陶瓷研究所所长、全国陶瓷专业委员会委员、湖南省硅酸盐学会副理事长等职，为中国陶瓷艺术事业做出了杰出贡献。

唐汉初（1914—1985），湘潭县人。民国 16 年（1927）入瓷厂学绘画，勤学苦练，技术益精，成为瓷业界彩绘名师，先后在醴陵、湘潭雷打石、邵阳、宜昌等地瓷厂工作。1955 年，应聘醴陵陶瓷研究所，与吴寿祺等举办三年制、二年制和半年制艺徒班及职工美术夜校，讲授彩绘知识，培训艺徒 120 多人。精心研究改进工艺，对釉下彩由"三烧制"改为"两烧制"，为恢复和发展釉下彩做出较大贡献。1958 年，调入醴陵艺术瓷厂（后改称群力瓷厂）从事釉下彩瓷设计工作。1959，瓷厂承担军事博物馆、民族文化宫、工人体育馆用瓷生产任务，唐为"三馆瓷"设计餐具画面，构图简炼，色彩艳丽，活泼明快，给人以柔和舒畅的感受。1964 年，为人民大会堂主席台用瓷设计釉下成套茶具和胜利怀，画面主题突出，花头饱满，花叶粗犷，色彩鲜艳，被誉为釉上彩瓷中的珍品。1975 年，制作出釉下黑白瓷板任弼时头像，形象逼真，比照片显得更为光泽清亮。继为毛主席、周总理、朱德委员长等制作釉下黑白瓷板头像。1978 年 12 月到岳阳楼写生创作，将"天下岳阳楼"装饰成套餐、茶具。1982 年，唐将珍藏数十年驰名中外的五本画册献给了国家，交群力瓷厂保存。

唐锡怀（1940—），湖南株洲人。1956 年考入湖南省陶瓷研究所，在雕刻名师徐协和门下学艺。1957 年到江西景德镇师从陶瓷美术家杨海生学习雕刻。他长期从事陶瓷美术创作和工艺实践，对陶瓷雕刻的刻、堆、镂、捏有较深造诣。创作设计和制作了大量不同表现形式和多样技法的艺术作品，许多被博物馆收藏，或被选为国家领导礼品瓷，在全国行业评比中多次获奖。1959 年、1964 年、1979 年、1987 年四次为人民大会堂湖南厅设计制作陈列艺术瓷，

1988年被评为高级美术工艺师，专业著作有《谈陶瓷雕刻表现技法》《简论刻花设计要求》。

邓文科（1930—2018），自号清风楼主人，湖南醴陵人。中国著名陶瓷工艺美术大师。1944年学艺，1950年进入醴陵陶画合作社工作。1956—1996年供职于湖南省陶瓷研究所，为该所副总工程师，高级工艺美术师。创作大量釉下陶瓷精品，多次获奖，被国务院、中南海、人民大会堂、中国工艺美术馆等场馆陈列收藏。其陶瓷艺术创作既重视传统，又能表现时代华彩，为恢复发展研究醴陵釉下彩瓷做出了极为重要的贡献。在中国书画方面有很高的造诣，尤以花鸟、篆书、隶书见长。2009年，被评为国家非物质文化遗产——醴陵釉下五彩瓷的传承人。专业著作有《釉上陶瓷颜料的性能与使用》《醴陵釉下彩瓷》，与邓白教授合编《醴陵窑》等。代表作《瓷雕宫灯》被专家们评为国家珍品，《观沧海》挂盘被全国人大选为国家礼品瓷。1990年被评为湖南省工艺美术大师，1993年荣获国务院颁发的"为发展我国文化艺术事业做出了突出贡献"的证书，同年被评为中国工艺美术大师。

顾澄清（1935—2018），16岁开始学习陶瓷彩绘，1959年调入醴陵艺术瓷厂从事釉下彩绘设计生产工作，1974年参加为毛主席82生日专用瓷设计绘制工作。其作品被选为国家礼品瓷和联合国专用瓷画面，《鸳鸯戏水挂盘》被赠送给英国首相撒切尔夫人，为毛主席纪念堂设计制作专用瓷釉下芙蓉。

陈扬龙（1941—2013），生于湖南醴陵陶瓷世家，中国工艺美术大师，非物质文化遗产"醴陵釉下彩"传承人。从业50多年来，一直潜心研究釉下五彩的装饰，专攻釉下工笔花卉，参悟出"薄施淡染"的釉下绘制秘技，并在醴陵陶瓷中得到全面推广。曾承担轻工部《釉下彩色标研究》课题，对200多种釉下色料、6种不同釉料、多种窑型烧制效果进行了一系列的探索，历经三年，为醴陵釉下彩的发展提供了扎实的理论和实物依据。研究探索"以印代画"的技术革新和运用"以喷代画"的技术，分别提高功效100倍和数十倍。对内销瓷的改革和发展影响巨大。擅长花卉，以"写实手法与装饰性构图"相结合，丰富和增强了画面的主体感和层次感，经历近1400℃高温烧制而成的陶瓷作品色彩明丽、画面生动。其花瓶作品胎薄、色白，彰显了薄如纸、白如玉、声如磬、明如镜的效果。多次担任国家用瓷的设计，大量作品被选为国家礼品瓷，被中南海紫光阁、中国工艺美术馆、中国国家博物馆等收藏。2008年创办陈扬龙陶瓷艺术室，主要从釉下五彩材质的改进、工艺技巧的提高、器型设计、装饰形式、色彩运用等方面深入探讨和研究。

韩天衡，号豆庐、近墨者、味闲，别署百乐斋、味闲草堂、三百芙蓉斋。1940年生于上海，祖籍苏州。擅书法、国画、篆刻、美术理论及书画印鉴赏。国家一级美术师、享受国务院特殊津贴专家。现任中国艺术研究院中国篆刻艺术院名誉院长、上海中国画院顾问、上海市书法家协会首席顾问、西泠印社副社长、上海吴昌硕艺术研究会会长、吴昌硕纪念馆馆长、中国石雕博物馆馆长。

宋定国（1940— ），湖北容城县人，第四届中国工艺美术大师。1965年毕业于湖北艺术学院工艺美术专业，先后在湖南省工艺美术公司、韶山毛主席革命纪念地、湖南省湘绣厂、湖南省工艺美术研究所、醴陵金煌瓷艺有限公司从事工艺美术研究、设计工作。1987年被评为高级工艺美术师，曾任湖南省工艺美术研究所总工艺师，历任中国工艺美术学会理事、湖南省工艺美术协会常务理事、中国美术家协会湖南分会会员。长期致力于传统工艺美术研发设计，在刺绣、织锦、陶瓷、雕塑工艺方面均建树颇丰。其设计造型严谨、准确，构图强调整体气势和节奏，形式感强，能把深厚的民族传统工艺与西方艺术精华融会贯通，艺术风格独具特色。多次主持省政府重要活动礼品订制设计，多次获得国家级、省级金奖和省科技进步奖。独创织锦"天衣无缝"拼接成型法，研究发明"双面织锦"新技术和专用工具并获国家发明专利。对湖南工艺美术的创新发展贡献卓著。

王坚义（1957— ），生于湖南湘潭，高级工艺美术师，湖南省美术家协会会员，曾任湖南省湘绣研究所副总工艺师、醴陵金煌瓷艺有限公司艺术总监。自幼酷爱绘画，1977年开始从事中国画和工艺美术创作设计。1983年考入湖南工艺美术大学，受教于邹传安、杜炜、卢望明等名师，系统学习传统中国画技法。长期以来，潜心中国工笔花鸟画的研究与创造，作品为写实主义和浪漫主义相结合的手法，继承传统画技，并以西画的各种技法渲染烘托，使作品层次感强而富有新意，作品多次入选全国美展，在香港、台湾等地区展出。1977年入湖南省湘绣研究所，在周壮猷等名师指导下学习湘绣工艺设计，他设计的湘绣画稿严谨精微，朴实生趣，具有强烈的个人风格和时代气息。他参与湘绣和服腰带和御帛纱研制等湘绣课题研究，为湘绣工艺设计做出积极贡献。后为釉下五彩瓷器进行艺术设计，多件作品荣获行业奖项。2006年被授予第五届"中国工艺美术大师"。

黄小玲（1968—），湖南醴陵人，中国陶瓷艺术大师，醴陵陶瓷界第一位全国人大代表，中国陶瓷工业协会会员，湖南省陶瓷协会副会长、醴陵市文联副主席、醴泉窑艺总设计师，全国"三八"红旗手获得者、醴泉窑艺创办人。擅长釉下五彩装饰工艺技法，博采众长融会贯通，大胆创新。近年来，创作了大量陶瓷艺术作品，其装饰风格清新秀丽、恬淡雅致。曾有《虞美人》瓶、《牡丹》瓶、《紫藤花》瓶多件作品参加海内外展览并获奖，多件作品被海内外有关专家或博物馆收藏。

刘仕园，1963年12月生于醴陵。国家高级工艺美术师、湖南陶瓷艺术大师、中国陶瓷协会会员、湖南省美术家会员、醴陵美协会员。受长辈影响，刘仕园大师自幼师从父亲刘佳仁先生学习陶瓷绘画，并受到父亲挚友邓文科、汤清海等老前辈指导。擅长山水、花卉、人物等，特别是在陶瓷这一特殊载体上的写意花卉。如写意葡萄，在坯体上运用国画传统手法达到的层次、色彩、虚实等，均无法再现宣纸上的效果。刘仕园大师努力研究探索近三年，研发出一种特殊技法，不仅解决了坯体绘画的笔触、色彩、虚实关系问题，而且画面表现晶莹剔透，能媲美宣纸上的水墨感觉。

后 记

"宋元看五大名窑，明清看景德镇官窑，近现代看醴陵窑。"这是陶瓷业内人士和收藏爱好者对醴陵窑釉下彩瓷的厚爱、推崇和肯定！

新中国成立后，党和国家对传统制瓷产业无比重视和关心，以城市为中心的现代醴陵窑釉下五彩瓷烧制工艺进入一个全新的发展时期。百年历史虽如白马过隙，但对醴陵瓷业具有划时代的意义。醴陵釉下五彩瓷因其"白如玉、明如镜、薄如纸、声如磬"而享誉海内外，具有独特的工艺价值、艺术价值和收藏价值，越来越受到广大收藏者的喜爱与追捧。

本书收集我多年珍藏的醴陵窑釉下五彩瓷品，涵盖了新中国成立至今近百年的100件（套）精美瓷品。每件瓷器均有简要赏介，力争图文并茂，内容翔实。

本书编写历时两年有余，在编辑过程中，得到了许多醴陵瓷业专家、研究者、陶瓷大师的支持与帮助，尤其是高级工程师、全国陶瓷专业委员会委员、原醴陵瓷业总公司总工程师李维善，原湖南省陶瓷研究所陈海波所长的关心和指教，在此一并表示衷心感谢。感谢覃志刚主席、吴雪主席、董昭礼主席为本书拨冗题词。感谢文化学者胡野秋先生撰写专业性极强的赏析文章。图片整理、拍摄、标注和制版工作繁复耗时，感谢刘泽君、吴宇飞、洪流不惮劳烦，鼎力玉成。

陈星平绘制的《上海老街》瓷盘，采用了速写风格，线条繁复，人物建筑众多，在瓷器绘制方面确实为大胆尝试创新之举，更为珍贵的是有汪道涵老前辈题签，确属难得。虽然没有款识，但从瓷质及烧制工艺来看，应属于醴陵瓷品无疑。姑置于此，作为本书压轴藏品，也是对前辈大德关心醴陵窑的纪念。

作为入门二十多年的收藏者和爱好者，虽然领略了醴陵瓷业历史悠久，宝山云深，浩渺如海，但深感积累有限，见识不丰。勉力成集，难免瑕疵，敬请业内专家学者、收藏方家不吝赐教，以便再版时修正。

张道新

2021年11月